# CEO, 고전에서 답을 찾다

유필화 지음

# CEO, 고전에서 답을 찾다

**초판 1쇄 발행** 2007년 3월 19일
**초판 20쇄 발행** 2017년 5월 8일

**지은이** 유필화
**펴낸이** 유정연

**주간** 백지선
**기획편집** 장보금 신성식 조현주 김수진 김경애 **디자인** 김소진
**마케팅** 임충진 이진규 김보미 **제작** 임정호 **경영지원** 전선영

**펴낸곳** 흐름출판 **출판등록** 제313-2003-199호(2003년 5월 28일)
**주소** 서울시 마포구 홍익로 5길 59, 남성빌딩 2층(서교동 370-15)
**전화** (02)325-4944 **팩스** (02)325-4945 **이메일** book@hbooks.co.kr
**홈페이지** http://www.nwmedia.co.kr **블로그** blog.naver.com/nextwave7
**인쇄·제본** (주)상지사P&B **용지** 월드페이퍼(주) **후가공** (주)이지앤비(특허 제10-1081185호)

**ISBN** 978-89-90872-29-6 03320

**살아가는 힘이 되는 책 흐름출판**은 막히지 않고 두루 소통하는 삶의 이치를 책 속에 담겠습니다.

# CEO,
# 고전에서
# 답을 찾다

유필화 지음

흐름출판

# 고전은 시대를 초월한 리더십 교과서다!

KT의 남중수 대표는 언론과 인터뷰할 때 곧잘 도덕경에 나오는 말씀을 인용하곤 한다. 한학이 그의 경영철학을 만들어준 탓이다. 남중수 대표 말고도 CEO 중에는 유난히 고전을 많이 읽고 고전 속에서 답을 찾는 이들이 많다. 따라가기가 무섭게 금세 변하는 속도 시대에 케케묵은 옛 이야기를 들추는 이유가 대체 뭘까?

기업을 실제로 움직이는 것은 사람이고, 사람은 기업의 가장 중요한 자산이다. 그러다 보니 '사람을 다루고 조직을 이끄는 것'이 리더들의 가장 큰 고민거리이다. 실제 성공한 CEO들은 뛰어난 기술자나 학자가 아니라 사람과 조직을 잘 다룬다는 공통점이 있다. 그리고 그들은 지난 몇천 년 동안 거의 변하지 않는 인간의 본질을 꿰뚫고 있는 고전을 리더십 교과서로 여기며 가까이에 두고 있다.

그래서 나는 지금의 경영자, 그리고 앞으로 리더를 꿈꾸는 사람들에게 오늘날 각광받고 있는 경영 기법이나 아이디어들이 이미 그 가치가 검증된 고전과 어떻게 맥락을 같이하는지 한 권에 체계적으로 정리한 책이 필요하다고 생각했다. 하지만 막상 대표적인 사상가들을 선정하는 것은 쉬운 일이 아니었다. 오랜 고심 끝에 오늘날의 기업과 조직에도 여전히 위력을 발휘하고 있는 8명의 사상가를 선정했다.

| 시대 \ 지역 | 동 양 | 서 양 |
|---|---|---|
| 고 대 | 석가 (B.C. 463~B.C. 383)<br>손자 (B.C. 541~B.C. 482) | 세네카(B.C. 4~A.D. 65) |
| 중 세 | | 마키아벨리(1469~1527) |
| 근 대 | | 클라우제비츠(1780~1831) |
| 현 대 | 이병철 (1910~1987) | 피터 드러커(1909~2005)<br>헤르만 지몬(1947~현재 ) |

우선 로마시대의 대표적인 사상가 세네카는 재치 있고 통찰력 있는 저술을 많이 남겼다. 평생학습과 창의성을 중요하게 생각한 그의 아이디어는 오늘날 경영의 트렌드인 지식경영과 창조경영에 바로 응용할 수 있다. 특히 그가 주장한 '의지'는 현대 경영의 주요 개념인 '전략'의 핵심 내용을 담고 있다. 세네카는 우리에게 비교적 덜 알려져 있어 국내에 소개하는 좋은 기회도 될 것이다.

손자, 석가모니, 마키아벨리, 클라우제비츠의 저술은 오늘의 경영자들이 전략을 세우고, 아랫사람을 관리하고 이끄는 리더십과 직결되는 내용을 담고 있다. 당시에는 아직 전략이나 리더십, 인사관리라는 용어가 없었지만 이들이 남긴 말은 그 개념을 가장 잘 풀어 설명하고 있다.

피터 드러커와 헤르만 지몬은 각각 미국과 유럽을 대표하는 현대의 경영사상가이다. 드러커는 경영 현장의 목소리를 이론과 접목시키면서도 미래학적인 통찰력, 인문학적 깊이를 두루 갖추고 있었던 빼어난 경영사상가였다. 헤르만 지몬은 국내 독자들에게는 다소 생소할 테지만 유럽경영학의 자존심이라고 할 수준의 학자이다. 세계적인 우량기업을 만들고 싶은 중소기업 경영자나 변화경영을 모색하는 경영자에게 큰 도움을 줄 것이다.

끝으로 호암 이병철은 한국이 낳은 세계 최고 수준의 경영의 달인임에도 불구하고, 일본의 마쓰시타나 모리타 그리고 미국의 잭 웰치에 비해 상대적으로 국제적인 주목을 덜 받는 것이 안타까웠다. 그는 비록 자신의 생각을 깊이 있는 저술로 남긴 사상가는 아니었지만, 그가 남긴 삼성전자가 세계적인 기업으로 성장한 것을 생각하면 그의 경영사상은 이 책에서 다룰 만한 가치가 충분히 있다.

8명의 사상가들의 방대한 경영사상을 한 권의 책에 담으려는 시도는 어쩌면 무모할지도 모른다. 그러나 나는 경영대학원 강의를 하면서 경영 고전으로 어떤 책을 읽어야 할지 추천해달라는 부탁을 들을 때마다 난감함을 느꼈다. 이제 경영이나 경영학에 관심을 가지기 시작한 사람들에게 그 기준을 제시해줄 수 있게 되어 학자로서 매우 보람을 느낀다.

또, 여기에 실린 사상가들은 모두 삶을 총체적으로 바라본 사람들이다. 우리는 이들에게서 기업경영에 활용할 수 있는 좀더 넓고 신선한 시각, 참신한 발상, 균형 잡힌 사고 등을 얻을 수 있다.

만일 독자들이 이 책을 읽다가 8명의 사상에 큰 관심을 갖게 되고 이들의 저술을 탐독하게 된다면, 그야말로 이 책의 공헌일 것이다. 이 책과의 인연으로 독자들이 당면문제를 헤쳐 나오는 좋은 힌트를 얻고, 더 좋은 삶을 살 수 있다면 저자로서 그보다 더 행복할 수는 없을 것 같다.

이런 바람을 품고 오랫동안 심혈을 기울여 이 책을 썼다. 막상 책을 세상에 내놓으려고 하니 기쁨과 보람보다는 두려움과 부끄러움이 앞선다. 그러나 사람의 일을 다 하고 하늘에 뜻을 맡긴다고 했듯이, 과감하게 출판하고 겸허한 마음으로 많은 사람들의 목소리에 귀를 기울이기로 했다. 독자 여러분의 진솔한 논평과 질책을 기대한다.

2007년 3월 2일
유필화

# Contents
차 례

CEO,
고전에서
답을 찾다

CEO,
고전에서
답을 찾다

# 1

### 의지와 창의성을 중시한

# 세네카

전략을 추진하는 원동력은
강한 의지이다

Lucius Annaeus Seneca

기 기원전 4년에 태어나 서기 65년에 네로 황제의 명령으로 스스로 목숨을 끊어야 했던 루시우스 세네카는 로마의 대표적인 철학자이자 정치가, 그리고 문필가였다.

세네카의 가장 큰 관심사는 "행복한 삶"을 사는 것이었다. 그래서 그의 저술의 상당부분은 이 커다란 목표를 어떻게 달성하느냐에 관한 것이다. 특히 목표를 달성하려고 할 때는 독창성이 꼭 필요하다는 것을 강조하기 위해 세네카는 맹목적으로 남을 좇아가는 것을 극구 말리고 있다. 이런 창의성 중시는 오늘날 경영자들에게 커다란 시사점을 주고 있다고 본다.

예술이나 학문에서도 그렇지만 경영에서도 남의 것을 베끼거나 모방만 해서는 앞서가는 기업을 따라잡을 수 없다. 이전에는 상상도 못했던 제품과 서비스가 등장하는 환경 속에서 기업이 생존하기 위해서는 무엇보다 '창의성'을 최대한 끌어올려야 한다. 그렇게 하기 위해서는 기업의 적극적인 지원과 리더의 세심한 배려가 반드시 필요하다.

# 전략과 의지

현대 기업가들이 세네카Lucius Annaeus Seneca의 사상 가운데 각별히 유념해야 할 것은 의지will이다. 우선 세네카의 말을 직접 들어보자.

66내부적인 발전의 큰 부분은 발전하려는 의지에 의해 벌써 결정된다."

"어떤 일이 어려워서 우리가 과감히 시도하지 못하는 것이 아니라, 우리가 과감히 시도하지 않기 때문에 그것이 어려운 것이다."

"하고자 하는 의지가 없는 것이 진짜 이유이고, 할 수 없다는 것은 핑계에 지나지 않는다."

"자신의 삶을 이성理性으로 조종하는 사람은 많지 않다. 나머지는 강에서 수영을 하는 사람들과 같다. 그들은 자신의 진로를 스스로 정하는 것이 아니라, 강물에 자신을 떠맡긴다.**"**

이처럼 세네카는 삶에 있어서 의지의 중요성을 줄기차게 강조했다. 세네카의 의지를 현대의 전략론과 접목시켜 설명해보자.

전략이란 기업이 가능한 최대의 이익을 올리면서 오랫동안 살아남기 위해 스스로의 모든 힘을 개발하고 활용하는 기술이자 과학이다.

물론 이 말은 현재 아주 많이 쓰이고 있지만, 기업경영의 맥락에서 '전략'이란 개념이 통용되기 시작한 것은 그다지 오래되지 않았다. 60년대부터 전문용어로 간간이 쓰이다가 80년대에 들어서야 기업경영의 중심개념으로 자리를 잡았다.

오늘날 기업경영에서 중요한 위치를 차지하게 된 전략의 핵심적인 요소가 바로 세네카가 그렇게 강조했던 의지라고 보면 된다. 이해를 돕기 위해 좀더 자세히 풀이해보면 세 가지 요소가 나온다.

## 하나, 스스로가 원하는 것을 아는 것

의지는 기존의 경영학 문헌에서 거의 다루지 않은 개념이다.

그러나 이것은 전략의 가장 중요한 요소이다. 전략을 추진하는 원동력은 한 개인이나 팀의 강한 의지이기 때문이다. 의지의 힘은 회사에 강한 활력을 불어넣는다. 회사가 하나의 지고한 목표를 세우고, 경영진이 강한 의지를 갖고 그것을 달성하기 위해 최선을 다한다는 사실을 모든 직원들이 잘 알고 있을 때 신명나게 일하고 싶은 회사 분위기가 만들어진다. 결국 이러한 회사 분위기가 전략을 추진하는 데 큰 힘을 만든다.

## 둘, 스스로가 원하지 않는 것을 아는 것

이것은 '스스로가 원하는 것을 아는 것' 못지않게 중요하다. 왜냐하면 경영자는 자신이 원하지 않는 것이 무엇인지 확실히 알아야만 쓸데없는 곳에 눈을 돌리지 않는다. 그래야만 잘못된 방향을 다시 잡느라 에너지를 낭비하지 않는다. 마이크로소프트의 빌 게이츠 회장은 이런 측면에서 대단히 큰 강점을 갖고 있다. 그는 1998년 어느 인터뷰에서 다음과 같이 말했다.

66 우리는 텔레커뮤니케이션 네트워크나 텔레커뮤니케이션 회사를 인수하지 않을 것입니다. 우리는 또 시스템통합systems

integration 분야에 들어가지 않을 것이고, 정보시스템 분야의 컨설팅 사업도 하지 않을 것입니다. "

자신이 무엇을 원하지 않는가를 확실히 아는 사람만이 원하는 일에 온 힘을 집중할 수 있다. 만일 BMW의 경영진이 자신들이 병든 조직을 되살리는 것보다는 제품혁신과 마케팅에 힘을 쏟기를 원한다는 사실을 알았더라면, 망해가던 영국의 자동차 회사 로버Rover를 인수하지는 않았을 것이다. 만약 그런 실수를 저지르지 않았다면 BMW와 그 투자자들은 지금보다 훨씬 큰 부를 이룰 수 있었을 것이다. 잠깐 쉬어갈 겸해서 사례를 하나 소개하겠다.

1980년대 당시의 전형적인 화학회사 시바-가이기Ciba-Geigy는 미국의 스펙트라피직스Spectraphysics라는 레이저 생산회사를 인수했다. 스펙트라피직스는 물리학에 바탕을 둔 회사였고, 이 회사의 핵심인사들은 모두 물리학자였다. 시바-가이기가 이 회사를 인수하기로 마음먹은 것은 물리분야의 예상성장률이 화학에 비해 높았기 때문이다. 시바-가이기의 전략은 겉에서 보기에는 꽤 그럴싸했다.

그러나 화학과 물리는 문화 면에서 처음부터 서로 맞지 않았다. 몇 년 후 시바-가이기는 스펙트라피직스를 되팔고 말았다. 또한 시바-가이기가 인수했던 메틀러 톨레도Mettler Toledo, 그레탁GRETAG, 일포드Ilford 등의 다른 회사에서도 비슷한 일이 일어났다. 당시 시바-가이기의 최고경영진 중 한 사람은 그 이유를 다음과 같이 밝혔다.

> 66 전략 자체는 옳았으며 의미가 있었습니다. 우리는 성장하는 회사들을 인수했습니다. 그러나 우리의 마음은 여전히 화학자였습니다. 우리는 화학사업을 잘 알았고, 그것에 애정을 갖고 있었습니다. 그러나 물리와 전자는 우리에게 생소하기만 했습니다. 그래서 우리는 연구개발 예산을 확정하거나 투자결정을 할 때 마음이 불안했습니다. 한마디로 우리는 마음속으로 새로운 사업과 일체감을 느끼지 못했습니다. 전략과 문화가 잘 어울리지 않았던 것입니다. 결국 우리의 '옛 애인'인 화학사업으로 다시 돌아가는 것이 당연한 순서였습니다. 99

근본적으로 시바-가이기의 경영자들은 물리 사업을 원하지 않았다. 경영자는 자신이 무엇을 원하고 무엇을 원하지 않는가를 정당화할 필요는 없다. 그저 문화적 사실만 인정하면 된다. 이와 관련하여 세네카는 다음과 같이 말했다.

> 66 사람은 원하지 않는 것을 배울 수는 없다. 99

경영전략 분야의 세계 최고 전문가로 꼽히는 마이클 포터

Miclael E. Porter 하버드 경영대학원 교수는 한걸음 더 나아가서 다음과 같이 말했다.

> 66 전략의 요체는 무엇을 하지 않을 것인가를 정하는 것이다. 99

## 셋째, 끈질김

전략이란 포기하지 않으며 참고 버티는 것이다. 미켈란젤로는 "천재는 영원한 인내"라고 말했는데, 이 말은 "전략은 영원한 인내"라고 바꿔서 쓸 수 있다. 속도의 시대에 살고 있는 이상 시장이 빨리 변하는 것은 어쩔 수 없는 사실이다. 하지만 짧은 시간 안에 지속적인 성공을 맛본 경우는 아주 드물다. 오히려 지속적인 성공은 수십 년의 세월에 걸쳐 전략이 일관된 방향으로 집행되었을 때 누릴 수 있으며, 한마디로 끈질긴 활동의 결과이다.

삼성전자, 인텔Intel, SAP는 모두 생긴 지가 30년이 넘었으며, 마이크로소프트도 이미 스무 살이 넘는다. 모든 기업이 이들의 성공을 부러워하지만 그것은 하루아침에 이루어진 것이 아니다. 전략을 중심으로 끈질기게 노력한 결과이다. 결코 일시적이거나 잠깐 동안의 이야기가 아니다.

## 02 학습문화의 중요성

세네카의 경영사상을 논의하면서 빼놓을 수 없는 또 하나의 주제가 바로 학습문화이다. 먼저 그의 유명한 말을 들어보자.

66 학교가 아닌 인생을 위해서 우리는 배운다."

"누구를 위해서 나는 이 모든 것을 배웠는가? 만일 네가 너 자신을 위해서 그것을 배웠다면, 너는 네가 들인 노력이 헛수고라고 걱정할 필요가 없다."

"우리가 더 많은 것을 흡수할수록, 우리의 정신적인 이해능력은 더 커지게 마련이다."

"만일 어떤 사람이 위험에 처했을 때 그가 떨지 않기를 바란다면, 위험이 닥치기 전에 그를 가르쳐라. 99

이렇듯 세네카는 당대를 대표하는 철학자답게 지식과 학습 그리고 학습문화를 매우 중시하고 있다. 오늘날의 기업경영에서 이 개념들의 중요성은 언급할 필요조차 없다. 오늘날 세계적인 경쟁력을 자랑하는 GE, 삼성, 싱가포르항공, 맥킨지Mckinsey 같은 기업들은 하나같이 직원들의 잠재력을 믿고 그들의 능력을 개발 하기 위해 많은 자원을 꾸준히 그리고 끊임없이 투입하고 있다.

직원교육에 정말로 관심을 가지고 있다면, 세네카의 사상을 바탕으로 직원들에게 좀더 효과적인 교육을 시킬 수 있는 계기를 마련했으면 한다.

## 평생학습과 기업교육

많은 사람들이 21세기는 '지식사회knowledge society'가 될 것 이라고 이야기하고 있다. 앞으로 지식은 매우 희귀한 자원이면서 동시에 결정적인 경쟁의 무기가 될 것이다. 이런 추세는 분명 기 업문화에 크나큰 영향을 미칠 것이다. 우선 지식의 가치가 상승 함에 따라 모든 직장인들은 새로운 지식을 얻고 기존의 지식을 가다듬는 데 상당한 시간을 할애하게 될 것이다. 이제는 평생학 습의 시대다. 학위나 면허 같은 각종 자격증에 유효기간이 붙게 될지도 모른다.

과연 이렇게 지식과 그것을 얻기 위한 학습의 중요성이 강조되는 까닭은 무엇일까? 그 이유는 다섯 가지 시대의 거센 흐름 때문이다.

첫째, 제품의 수명주기가 짧아지고 있다. 자동차, 컴퓨터, 가전, 패션 등 업종을 가리지 않고 제품의 수명주기가 점점 짧아지고 있다. 어떤 사람은 제품의 평균수명은 이제 4년밖에 안 된다고 얘기하기도 한다. 새로운 제품이 더 많이 더 자주 나올수록 기업은 배우고 연구해야 할 필요성이 더 커지는 것이다.

둘째, 지식의 생산량이 급증하고 있다. 인류역사상 오늘날처럼 많은 사람들이 연구개발이나 지식을 생산하는 일에 종사한 적이 없었으며, 이들의 비중은 점점 더 커지고 있다. 그런데 이들은 새로운 지식을 창출할 뿐만 아니라, 급속도로 기존의 많은 지식을 낡은 것으로 만들고 있다. 우리가 알고 있는 많은 것이 빠른 속도로 시대에 뒤떨어진 지식이 되고 있는 것이다. 이러한 시대에 지식 면에서 더 우월하다는 것은 회사나 개인의 강력한 경쟁우위가 된다.

셋째, 전반적인 회사업무의 수준이 올라가고 있다. 회사의 어느 부서든 간에 머리를 써서 해야 하는 일이 많아지고 있다. 뿐만 아니라 컴퓨터를 비롯한 첨단장비를 만져야 하는 일도 늘고 있다. 즉, 새로 배우고 익히지 않으면 할 수 없는 일이 더욱 많아지고 있다.

넷째, 경쟁우위의 원천이 되는 것은 직원이다. 본격적인 국제화시대에 접어들고 경쟁이 한층 치열해지면서 기업은 전략적 경쟁우위를 갖춰야 할 필요성을 뼈저리게 느끼고 있다. 그런데 최근 들어 많은 회사들이 가장 확실하고 믿을 만한 경쟁우위는 기술이나 제품이 아닌 바로 자기 회사의 '사람들'에서 찾아야 한다는 사실에 눈을 떴다. 즉, 회사의 직원들을 잘 교육시키고 사기를 높여 그들의 엄청난 잠재력을 활성화하는 것이 경쟁력을 높이는 가장 확실한 길이라는 것이다.

다섯째, 교육기회가 기업의 매력 요인으로 작용한다. 직원들, 특히 젊은 사람들은 회사로부터 많은 교육기회가 주어지기를 갈망하고 있다. 따라서 좋은 교육프로그램이 많다는 것은 그 회사의 매력도와 이미지를 높이는 데 크게 도움이 된다. 그중에서도 외부교육기관, 특히 해외 명문대학과 연결된 교육과정은 야심 있는 젊은 직원들에게 큰 희망을 줄 수 있다. 또한 경영자로 승진하기 위한 요건이 되기도 한다.

이런 이유들 때문에 이제 직원들은 경쟁력을 유지하기 위해 끊임없이 배우고, 기업들은 교육훈련에 지속적으로 투자해야 한다. 직원들을 철저하게 훈련시키고 직원들이 열심히 배우려고 하는 학습문화가 있는 회사, 다시 말해 학습조직을 갖춘 회사만이 장기적으로 살아남을 수 있다고 본다.

여기서 짚고 넘어가야 할 것이 있다. 회사에서의 학습과 학교에서의 공부는 크게 두 가지 면에서 달라야 한다.

첫째, 회사에서의 학습은 새로운 지식을 받아들임과 동시에 시대에 맞지 않는 낡은 지식을 과감히 떨쳐버리는 과정이어야 한다. 이것은 결코 쉽지 않다. 왜냐하면 나이가 들고 사회경험이 풍부한 사람일수록 자신의 경험에서 얻은 지식을 더 소중히 여기고, 알게 모르게 많은 고정관념과 선입견을 갖고 있기 때문이다.

둘째, 기업학습의 궁극적인 목표는 변화와 실천이어야 한다. 아무리 학술적으로 훌륭한 교육을 했다 하더라도, 그후에 달라진 것이 없다면 그것은 실패한 교육이다.

이러한 관점에서 우리 기업교육의 현실을 다시 한 번 들여다보자. 오늘날 회사 안팎에서 이루어지고 있는 각종 교육프로그램이 행동의 변화와 실행이라는 면에서 볼 때 큰 실효를 거두고 있지 못하다는 의견이 많다.

왜 그럴까? 대체로 네 가지 이유가 있다.

- 프로그램의 내용이 지나치게 이론 위주이거나 현실과 동떨어진 것이 많다. 그래서 교육 참석자들은 교육내용을 자신의 구체적인 문제에 응용하기가 무척 어렵다고 이야기한다. 사례연구도 마찬가지다. 참석자들은 사례의 내용은 재미있을지 몰라도, 실제로 자기하고는 별 상관이 없는 단순한 애

깃거리로 받아들이기도 한다.

- 교육이 끝나면 다시 바쁜 일상 업무가 시작되기 때문에 배운 것을 실행에 옮길 틈이 없다.
- 교육과정을 마치고 돌아온 사람들이 내놓은 아이디어를 동료들이나 상관이 잘 받아들이지 않는다. 이들은 새로운 아이디어를 잘 이해하지 못하거나 또는 그것으로 인해 자신들의 일이 위협받을지도 모른다고 여긴다.
- 교육내용이 회사의 기업문화와 잘 맞지 않는 경우가 많다. 이럴 때 흔히 듣는 얘기는 "그건 다른 회사에서는 될지 몰라도 우리하고는 안 맞아".

현실이 그렇다면 우리는 기업교육의 이런 문제점을 어떻게 극복해야 할까? 간단한 해답은 있을 수 없다. 그러나 한 가지 확실한 것은 학습과정과 경영관리과정이 매우 밀접하게 통합되어야 한다는 것이다. 즉, 경영현장에서 직접 일을 하면서 배우는 형태의 현장학습learning by doing, 현장교육이 아주 중요하다.

현장학습의 가장 큰 장점은 회사의 기업문화에 맞는 교육이 이루어지기 때문에 학습이 실행으로 연결된다는 것이다. 배운 것을 실행할 수 있도록 하는 현장학습은 아직 대부분의 회사에서 체계적으로 실시되고 있지 않다. 따라서 경영자는 회사차원에서 현장교육의 내용, 방법, 도구, 교재 등을 잘 정비하고, 그것이 철저히 실시되도록 해야 한다. 또한 현장교육 및 현장학습의 성과는 어떤 형태로든지 인사고과에 반영하는 것이 좋다.

회사가 당면하고 있는 문제는 현장학습의 가장 훌륭한 교재다. 회사의 문제들을 풀어나가는 과정에서 배운 것은 실행하는 데 별 어려움이 없기 때문이다. 많은 전문가들의 경험에 따르면 회사가 맞닥뜨린 문제를 해결하기 위한 노력과 경영학습을 결합하는 가장 좋은 방법은 관련 부서들이 참가하는 워크숍이다. 이 워크숍에 참가하는 사람들은 문제해결을 위해 함께 고민하고 의견을 나누는 과정에서 매우 귀중한 학습경험을 하게 된다. 문제해결을 위한 워크숍은 다양한 장점을 갖고 있다.

- 당면과제를 놓고 이야기하기 때문에 참가자들의 열기가 한층 더 높다. (그래서 정해진 시간을 넘기기 일쑤다)
- 워크숍에서 배운 내용은 단순히 배운 것으로 끝나는 것이 아니라, 구체적인 조치로 연결된다. 워크숍에서 벌써 실행계획을 짜는 경우도 적지 않다.
- 따라서 전략(해결책), 실행, 학습이 삼위일체를 이루게 된다.
- 웬만한 세미나에는 잘 참석하지 않는 최고경영자도 이런 워크숍에는 즐겨 참석한다. 거기서 다루는 문제가 바로 자기의 고민거리이고 또 워크숍 자체가 아주 재미있기 때문이다.

한 가지 덧붙이면 워크숍을 이끌어가는 지도강사의 자질이 얼마나 훌륭한가도 중요하다. 워크숍에서 지도강사가 하는 역할은 크게 아래의 세 가지다.

- 짤막한 강의를 통해 필요한 지식과 개념을 전달한다. 강의 시간은 대체로 워크숍 시간의 4분의 1 정도이다.
- 참석자들이 제시하는 해결책을 객관적으로 평가하고, 그것의 전제 · 근거 · 배경 등을 물음으로써 제시된 해결책을 더 탄탄하게 만든다.
- 다른 회사나 다른 분야의 경험을 들려주거나 각종 개념과 기법을 정확히 쓰도록 지도하고, 적절한 도움말을 주는 등의 적극적인 방법을 동원한다. 결과적으로 좋은 해결방안이 나오도록 유도한다.

워크숍은 구체적인 문제를 다룬다. 회사가 워크숍을 더 가치 있게 활용하려면 반드시 보고서를 남겨야 한다. 보고서에는 문제의 정의, 제시된 해결방안, 실행계획, 새로 발견된 문제점 등이 포함되어야 하며, 지도강사의 상세한 논평도 들어가야 한다. 이렇게 되면 참석자들은 워크숍을 통해 좋은 지적훈련의 기회를 얻게 된다. 한걸음 더 나아가서 그들은 채택된 해결안을 실행에 옮기고 새로 발견된 문제점을 더 깊이 생각하는 의무감을 갖게 된다. 또한 경영자는 워크숍의 내용을 문서로 남김으로써 '실행을 전제로 한 학습프로그램'이라는 워크숍의 성격을 더욱 뚜렷이 부각시킬 수 있다.

궁극적으로 기업의 교육훈련이 성공을 거두려면 고위경영자의 적극적인 참여가 절대 필요하다. 대부분의 고위경영자들은 배우는 데나 가르치는 데 쓰는 시간이 아주 적다. 그러나 '가르치는 것이 배우는 것Teaching is learning'이라는 말이 있듯이, 경영자들은 부하들을 가르침으로써 그들의 자질을 높이고 자신의 실력도 향상시킬 수 있다.

그래서 미국의 어느 은행에서는 매주 정해진 시간에 사내강좌를 열어 경영자가 자신의 업무내용과 실제문제에 대해 얘기한다고 한다. 물론 희망하는 직원은 누구나 이 강좌에 참여할 수 있다. 또한 미국의 레스토랑 체인 타코 벨Taco Bell은 이 회사의 경영자들이 강사와 트레이너로서 자신들의 시간을 일정 부분 쓰도록 규정하고 있다. 우리나라의 경우 삼성그룹은 매우 체계적으로 사내강사들을 양성하고, 그들을 각종 교육프로그램에 적극적으로 투입하고 있다. 크라운-해태제과의 윤영달 회장은 팀장급 이상 250여 명이 참석하는 모닝아카데미를 직접 주관하고 있다. 윤영달식 감성교육이라 불리는 이 프로그램은 매주 1번씩 이미 100회를 넘기며 크라운-해태제과를 문화예술기업으로 변모시키고 있다. 이런 분위기는 자연히 훌륭한 학습문화를 창출한다.

## 지식의 공유와 기업문화

앞에서 지식사회에 접어들면 기업 간 경쟁우위의 원천이 되는 지식의 중요성이 더욱 커질 것이라고 언급했다. 따라서 오늘날 기업을 경영하려면 조직 내에서 지식의 교환과 전달이 원활하게 이루어지도록 하는 것이 무척 중요하다. 그런데 직원들 사이에서 일어나는 지식 및 정보의 교환과 전달은 단순한 정보통신기술의 문제일 뿐만 아니라 기업문화, 신뢰 그리고 상호존중의 문제이기도 하다.

'부정적 지식negative knowledge'을 생각해보면 이 말을 쉽게 이해할 수 있다. 여기서 말하는 '부정적 지식'이란 실패, 실수, 잘못으로 얻은 지식을 뜻한다. 우리는 대체로 성공보다는 실패로부터 훨씬 많이 배운다. 우리는 또한 실패한 이야기를 드러내기를 싫어한다. 남들이 놀릴까 봐, 비난할까 봐 또는 속으로 고소해할까 봐 두려워하기 때문이다. 그래서 경영대학원에서 다루는 기업사례에서도 실패사례는 드물고 성공사례는 많다. 우리는 보통 '부정적 지식'을 악용하지 않을 것이라고 믿는 사람들하고만 스스로의 모자라는 점이나 실패담을 이야기한다. 서로 믿는 문화가 회사 안에 녹아 있을 때에만 부정적 지식의 교환이 이루어지는 것이다. 결국 부정적 지식까지도 기꺼이 나누는 회사 분위기를 어떻게 만들어갈 것인가는 조직에서 풀어야 할 어려운 과제이다.

지식사회가 정착하면서 지식, 학습, 학습문화 그리고 신뢰의 중요성이 예전보다 훨씬 커지고 있다. 기업이 시대 변화에 어울리는 문화를 갖추는 것은 앞으로의 번영을 확보하기 위한 필수요건의 하나이다.

1885년 2월 12일, 당시 69살이던 독일의 수상 비스마르크는 제국의회에서 다음과 같이 말했다.

“나는 내가 사는 한 배운다. 나는 오늘도 배우고 있다.”

경제활동을 하는 모든 사람들은 세네카의 학습중시사상을 실천해야 하는 시대에 살고 있는 것이다.

# 03 목표설정의 기준 및 목표의 선택

　　세네카의 가장 큰 관심사는 '행복한 삶'을 사는 것이다. 그래서 그의 저술 대부분이 이 커다란 목표를 어떻게 달성하느냐에 관한 것이다.

　　우리가 전략을 '목표에 도달하기 위한 효율적인 계획'으로 정의한다면, 세네카의 저술들은 전략론을 훌륭하게 설명하고 있다. 특히 그가 이야기하는 목표의 설정과 선택에 관한 부분은 오늘날의 기업경영과도 관련이 깊다.

## 목표설정의 기준

먼저 세네카가 이야기하는 명확한 목표설정의 중요성과 목표를 세울 때의 기준에 대해 들어보자.

> 66 우리는 우선 어느 방향으로 힘을 쏟아야 할 것인가를 알아야 한다. 그리고 나서 목적지에 가장 빨리 도달하는 길을 찾아야 한다. 일단 바른 길로 들어서기만 하면, 우리는 우리가 지금까지 얼마만큼 왔는가 그리고 앞으로 얼마나 남았는가를 알 수 있을 것이다."
> "중요한 것은 우리가 쓸데없는 일에 매달리지 않는 것이다. 즉, 우리가 얻을 수 없는 것을 구하려고 한다든가 또는 그것을 얻고 나서야 부끄러움을 느끼고 우리의 뜨거운 욕망이 허망함을 알게 되는 등의 일이 없도록 해야 한다. 바꾸어 말하면, 헛된 노력을 하지 말고 또 노력해서 거둘 만한 가치가 있는 성공을 목표로 삼아야 한다."
> "그러나 무엇보다도 우리 스스로를 잘 점검해야 한다. 왜냐하면 우리는 보통 우리가 실제로 할 수 있는 것보다 더 많이 할 수 있다고 믿는 경향이 있기 때문이다. 99

이상에서 보는 바와 같이 세네카에 따르면, 어떤 사람이 추구하는 목표는 첫째 달성할 수 있어야 하고, 둘째 그 사람이 진실로 얻고자 하는 것을 그에게 가져다주어야 한다.

이러한 조건 이외에도 목표달성을 위해 필요한 것이 바로 실행에 옮길 수 있는 용기, 즉 과감함이다. 과감함과 관련하여 세네카는 다음과 같이 말했다.

66 원하는 것을 과감히 시도하지 않거나 목표에 도달하지 못한 채 막연한 희망에 매달리고 머뭇거리면, 욕심은 채워지지 않으며 조바심만 내게 된다. 99

세네카의 이야기를 종합해보면, 우리가 목표를 설정할 때는 세 가지 기준이 필요하다.

- 달성의지 : 목표는 당사자가 진실로 간절히 원하는 것이어야 한다.
- 달성가능 : 목표는 현실적으로 도달할 수 있어야 한다.
- 감행 : 실제로 목표를 추구해야 하고, 그렇게 하기 위해 필요한 행동을 취해야 한다.


## 목표의 선택

만약 앞에서 말한 목표설정에 필요한 세 가지 기준을 모두 만족시키는 목표대안이 여러 개 있다고 하자. 그럴 경우에는 어떻게 해야 할까? 세네카는 다음과 같이 말하고 있다.

"사람은 나중에 물러설 수 없는 일은 시작하지 말아야 한다. 즉 퇴로가 막힌 길은 가지 말아야 하며, 끝낼 수 있거나 적어도 그렇게 할 수 있는 희망이 있는 일에만 손을 대야 한다."

"그리고 나서 자신이 하려는 작업을 검토하고, 스스로의 힘과 (자

기가) 과감히 맞부딪치려고 하는 대상을 비교해야 한다. ❞

　　세네카는 어떤 목표를 추구할 때는 자신의 행동이 목표달성에 어떤 영향을 미칠 것인가를 잘 헤아림과 동시에, 물러설 수 있는 가능성에 큰 무게를 두고 있다. 그는 성공 확률이 높은 목표를 선택하라는 원칙을 내세우면서도, 가능성은 높지만(그러나 보장되지는 않는다) 퇴로가 막힌 대안보다는 가능성은 조금 낮아도 물러설 길이 있는 대안을 선택할 것을 권한다. 실패했을 경우에 퇴로가 없는 대안을 택한 사람은 다시 시도해볼 수도, 다른 방안을 모색할 수도 없다. 하지만 퇴로를 확보하고 있는 대안을 선택한 사람은 또 다른 기회를 가질 수 있기 때문이다.

# 창의성의 강조

세네카는 '무엇을 목표로 해야 하는가' 뿐만 아니라 '목표를 어떻게 달성하는가', 즉 목표달성의 방법론에 대해서도 많은 이야기를 하고 있다. 그중에서도 가장 눈에 띄는 대목은 바로 창의성에 관한 부분이다.

    " 우리는 곰곰이 생각하기보다는 그저 믿으려고 한다. 그래서 우리는 인생에 대해서도 깊이 생각하지 않는다. 우리는 늘 남의 말을 믿는다. 입에서 입으로 전달된 오류는 우리를 조종하여 우리를 파멸의 구렁텅이로 몰고 간다."

"사람들이 많이 다닌 길일수록 잘못된 인상을 주기 쉽다. 가축 떼처럼 우리는 선두에 선 사람들을 무작정 따라가지 않는가? 우리는 가야 할 길을 가지 않고 남이 간 길을 가는 것이 아닌가? 우리가 소문만 듣고 움직이거나, 세상에서 대체로 받아들여지는 것을 최고로 여기거나, 이성理性에 따라 살지 않고 본보기에 따라 산다면 크나큰 재앙이 우리를 덮칠 것이다."

"소수의 사람들만이 그렇게 했을 때는 절대로 따라하지 않을 일을, 여러 사람이 그 일을 시작하면 우리는 곧바로 흉내낸다. 마치 어떤 일이 자주 일어나기만 하면 그것이 당연한 것이라도 되는 것처럼. 이렇게 어떤 것이 틀렸다 할지라도 그것이 일반화되면, 바른 것 대신에 그른 것이 우리 사이에 뿌리를 내리게 된다.**"**

목표를 달성하려고 할 때는 독창성이 꼭 필요하다는 것을 강조하기 위해, 세네카는 이렇게 남을 맹목적으로 따라하는 것을 극구 말리고 있다.

그렇다면 창의성을 중시하는 세네카의 생각은 오늘날의 경영자들에게 어떤 시사점을 주는가?

개인적으로 창의성의 중요성은 기업경영의 모든 영역에서 강조되어야 한다. 예술이나 학문에서와 마찬가지로, 기업경영에서도 자기의 아이디어는 없고 남의 것을 베끼거나 모방만 해서는 앞서가는 기업을 절대로 따라잡을 수 없다. 물론 기업이 성장하기 위해서는 열심히 남을 연구하고 남에게서 배워야 한다. 그러나 그 궁극적인 목적은 우리에게 맞는 우리 나름의 길을 찾기 위함이다.

더 나아가서 세네카의 창의성 중시는 기업경영에 있어 두뇌력brain power 또는 지적자본intellectual capital의 강조로 이어져야 한다. 오늘날처럼 지식 또는 두뇌가 가장 큰 힘인 시대에서는 더 나은 지적자본을 확보하고, 시장에서 잘 활용하는 회사가 이기게 마련이다.

21세기 경영자의 커다란 임무 가운데 하나는 회사 내의 두뇌를 개발하고 활성화하는 것이다. 이럴 때 경영자는 외부의 두뇌를 채용하는 것이 아니고 현재의 임직원들이 가지고 있는 잠재적인 지적능력을 최대한 발휘하도록 신경써야 한다. 일본에서 경영의 신으로 불리는 마쓰시타 고노스케松下幸之助 회장은 오늘날의 경쟁은 회사 모든 구성원이 자신의 지능을 남김없이 쏟아 붓도록 요구한다고 말했다. 그러나 현실은 전혀 그렇지 않다.

대부분의 회사는 직원들이 가지고 있는 엄청난 지적 잠재력 가운데 극히 일부만 활용하고 있다. 이런 현상은 학력이 높은 젊은 엘리트 사원들의 경우에 특히 심하다. 젊은 사원들은 현재보다 훨씬 더 신나는 일을 할 수 있고 또 그런 일이 주어지기를 간절히 바라고 있다. 하지만 대부분의 기업에는 규제가 너무 많아서 그들이 지적능력을 발휘하는 데 한계가 있다. 지적능력이 뛰어난 사람일수록 그 잠재력을 실현하기 위해 더 많은 재량권과 책임을 필요로 한다. 결국 그들에게 자유재량을 과감히 주는 회사는 모든 것을 잘 관리하고 통제하는 회사보다 훨씬 더 높은 성과를 올릴 수 있다. 일본 히도쓰바시 대학의 노나카 교수는 일본 기업들이 세계적인 경쟁력을 유지하기 위해서는 무엇보다도 회사 내의 규제를 과감히 풀어야 한다고 역설했다.

일부 회사들이 직원들의 지적 잠재력을 활성화하기 위해 일에 대한 의욕과 도전의식이 넘치는 팀을 구성하고, 초일류 프로젝트팀을 편성하는가 하면, 신선한 충격과 아이디어를 주는 외부 사람과의 접촉을 시도하고 있다. 하지만 이것은 회사 내의 지적 잠재력을 활성화하기 위한 수많은 방법 중 일부에 지나지 않는다.

만약 회사가 정말로 꼭 필요로 하는 일급두뇌를 확보하려면 회사의 정책과 규정을 어느 정도 그들에 맞게 변경하거나 느슨하게 조정할 필요가 있다. 일급 두뇌를 가진 인재는 그 숫자는 적지만 회사의 성공을 위해 반드시 있어야 하는 존재들이다. 그러한 일급두뇌에서 나온 아이디어나 연구결과가 회사 전반에 깔려 있는 지적 잠재력과 결합하여 실행될 때, 회사의 지적자본은 가장 폭발적인 힘을 발휘할 수 있다.

회사의 지적능력을 끊임없이 높이는 작업은 결코 쉽지 않다. 오히려 시간이 지나면서 회사가 차차 우둔해지는 것을 막는 것이 더 큰 문제가 될지도 모른다. 많은 사회학자들이 현대사회와 경제는 (특히 텔레비전의 영향으로) 점차 우둔해지고 있다고 경고하고 있다.

여러분의 회사는 과연 어떠한가?

지적자본의 관리는 강물을 거슬러서 노를 젓는 것과 같다. 노 젓기를 그치면 배는 떠내려가고 만다. 여러분의 회사가 유연하게 강물을 헤치고 나아갈지, 변화의 풍랑을 만나 떠내려갈지는 내부 직원의 지적능력을 향상시키려는 전폭적인 노력과 지원에 달려 있다고 해도 과언이 아니다.

# 미래의 리더들에게 세네카가 건네는 말
LUCIUS ANNAEUS SENECA

다른 사람이 행복하다는 사실이 당신을 괴롭히는 한, 당신은 영원히 행복하지 않을 것이다.

우리의 후손들이 '이렇게 명백한 것을 우리 조상들은 왜 몰랐을까?' 하고 의아해할 때가 언젠가는 올 것이다.

영혼에게 가장 큰 힘을 주는 것이 둘 있다. 그것은 진리에 대한 믿음과 스스로에 대한 믿음이다.

누구나 자신의 결의를 실천에 옮기도록 하는 그 무엇인가가 있다는 것을 알고 있다. 그것이 무엇인지는 우리는 물론 모른다. 우리는 또 우리 안에 어떤 추진력이 있다는 것을 알고 있다. 그러나 그것이 어떤 종류의 것인지 또는 그것이 어디에서 오는지는 모른다.

속도경영의 원조

# 손자

큰 것이 작은 것을
먹는 것이 아니라,
빠른 것이 느린 것을 먹는다

•

•

**손**자병법은 지금으로부터 약 2천500년 전 중국의 춘추시대에 살았던 손무 (B.C. 541~482)가 지은 세계에서 가장 오래된 병법서이다. 이것을 읽으면 다른 병법서를 읽지 않아도 된다는 말이 있을 만큼 오늘날에도 그 값어치를 인정받고 있다.

그렇다면 손자병법이 과연 전 세계 경영자들의 마음을 사로잡은 이유는 무엇일까? 손자병법은 전쟁이 끊이지 않았던 시대의 산물이기에 전쟁에서 가장 중요한 속전속결에 대한 귀중한 시사점을 얻을 수 있다. 빠른 판단력 없이는 적을 이길 수 없는 전쟁터의 급박함이 오늘날 기업 경쟁에도 그대로 적용된다. 사업 검토에서 최종 판단까지 걸리는 시간이 짧을수록, 상품기획 단계부터 시장에 출하될 때까지의 소요 시간을 단축할수록 기업의 경쟁력은 그만큼 커진다.

먼저, 빨리, 제때, 적절한 타이밍을 놓치지 않고 사업기회를 얻기 위한 아이디어를 얻고 싶다면, 시대변화를 읽고 트렌드를 잘 포착해내는 심미안이 필요하다면 손자를 통해 해답을 얻을 수 있다.

# 싸움은 속전속결

우리는 모든 것이 점점 더 빨라지는 시대에 살고 있다. 속도의 시대에서는 기업 간의 경쟁이 시간경쟁이 된다. 즉, '규모의 경제'가 아닌 '속도의 경제'가 기업의 성패에 결정적인 영향을 끼치는 시대가 되어가고 있다. 앞으로는 환경이 변화하는 속도만큼 빨리 적응할 수 있는 기업만이 살아남을 것이다. 최근 들어 환경은 더 급속하게 변하고 있으며, 앞으로도 변화의 속도는 결코 줄지 않을 것이다. 이제 속도와 적응은 기업의 생존요건이 되고 있다.

얼마 전 모 경제지에서 "한국 기업 '속도경영'에 빠졌다"라는 기사를 본 적이 있다. 기사의 요지는 대표적인 최고경영자CEO들이 2006년 들어 유난히 스피드를 강조하고 있다는 것이다.

윤종용 삼성전자 부회장은 2006년 5월부터 "스피드를 10%만 높여도 엄청난 시너지 효과를 가져온다. 속도를 높여야 한다"라고 역설했다. 실제로 IT업계에는 '1 week 1 point' 룰이라는 게 있다. 일주일이 늦으면 가격이 1% 하락한다는 것이다.

이구택 포스코 회장도 최근 들어 스피드를 계속 언급하고 있다. 그는 "예전에는 경기가 호황이면 1~2년씩 가고 불황이면 3~4년 지속됐지만, 요즘은 변동주기가 1~2분기 정도로 짧아졌다. 이에 반해 제품가격 진동의 폭은 과거 20~30달러에서 100~150달러 단위로 대폭 커졌다"며 달라진 현실을 이야기했다.

외국의 여러 사례를 살펴보아도 속도경영이 얼마나 중요한지 알 수 있다.

90년대에 독일에서 경영자들을 대상으로 실시한 한 설문조사의 결과에 따르면, 15년 동안 제품의 평균수명은 12년에서 6.5년으로 줄었다고 한다. 또 IBM의 연구보고서에 따르면 전자산업에서 신제품을 하나 개발하는 데 드는 시간은 3.5년인 데 비해, 시장에서의 수명은 2.5년밖에 안 된다고 한다. 게다가 특허의 보호를 받는 기간도 더욱 짧아지고 있다. 이런 경향은 앞으로 한층 더 뚜렷해질 것이다. 이 현상이 갖는 전략적인 의미는 한마디로, "시장이 빨리 변할수록 경쟁사와의 시간경쟁이 더욱 중요해진다"는 것이다.

이렇듯 시간경쟁은 이미 전 세계에서 치열하게 벌어지고 있는데, 손자孫子는 시간 단축의 중요성을 2천500년 전에 〈손자병법 제2장 작전편〉에서 다음과 같이 표현한 바 있다.

“ 전쟁을 해서 이길지라도 시간을 오래 끌면 병기가 무디어지고 병사들의 사기가 떨어진다. 그리하여 군대가 성을 공격하면 곧 힘이 다하고, 또한 전투가 길어지면 나라의 재정이 바닥나게 된다.”
“병기가 무디어지고 군대의 날카로운 기운이 꺾이고 힘이 떨어지며, 나라살림이 바닥나면 그 틈을 이용하여 이웃의 제후들이 일어날 것이다. 이렇게 되면 비록 지혜 있는 사람들이 있다 할지라도 사태를 수습할 수 없다.”
“그러므로 전쟁은 졸속으로 하는 한이 있더라도 빨리 끝내야 한다는 말은 들었어도, 뛰어난 작전치고 오래 끄는 것을 본 적이 없다. 무릇 질질 끄는 전쟁이 나라에 혜택을 준 적은 지금까지 없었다. ”

손자가 말하는 전쟁에서의 속전속결의 중요성은 현대의 기업경영에도 그대로 적용된다. 그래서 국내외의 많은 기업이 시간을 단축하기 위해 여러 가지 과감한 방법을 도입하고 있다.

한때 번창했던 컴퓨터회사 컴팩Compaq은 휴렛-패커드Hewlett-Packard에 합병되기 전에 신제품 개발과정의 여러 단계를 동시에 밟아 개발에 드는 시간을 줄인 바 있다. 컴팩은 이런 방식을 써서 업계에서 평균 18개월 정도 걸리는 신제품 개발작업을 6~9개월 만에 마쳤다고 한다. 와인 잔을 형상화한 보르도TV는 상품기획 단계부터 개발, 출하까지의 모든 과정을 동시에 진행해 시장에 나오기까지 걸리는 시간을 절반으로 단축했다. 또한 자동차 회사들은 새로운 모델을 개발할 때 디자인·조립·마케팅을 동시에 진행하고 있다.

특히, 시간경쟁이 치열해지면서 공동마케팅 방식을 쓰는 회사가 늘고 있다. 새로 시판하는 신제품을 빨리 시장에 정착시키기 위해서이다. 이것은 말 그대로 제품을 새로 시장에 내놓을 때, 다른 회사와 공동으로 초기에 집중적으로 시장을 공략하는 것을 말한다. 제품을 개발한 회사가 다른 회사의 협력을 얻어 두 회사의 유통망·판매조직을 동시에 활용하기도 하고, 어떤 경우에는 상표를 두 개 쓰기도 한다. 기업들은 신제품을 시장에 빨리 침투시키는 것이 성공확률을 높이고, 궁극적으로는 시장점유율을 높이는 데도 도움이 된다고 믿는다.

하지만 제품을 빨리 시장에 진입시킨다고 해서 반드시 성공하는 것은 아니다. 단지 성공확률을 높일 뿐이다.

경영자는 여기에서 시간경쟁과 관련하여 또 하나의 중요한 난관에 부딪치게 된다. 과연 모든 위험 부담을 안고 시장에 먼저 들어갈 것인가, 아니면 선발기업에 대한 시장의 반응을 보고 신중히 시장진입을 결정할 것인가의 문제다. 즉, 선발이냐 후발이냐의 문제다. 이 문제에 대해서는 그동안 많은 학자들이 실증연구를 해왔다. 그들의 연구결과를 종합해보면 다음과 같다.


- 선발기업은 대개, 오랫동안 시장에서 주도권을 잡을 뿐만 아니라 이익도 가장 많이 낸다.
- 후발기업들 사이에서도 시장진입 시기와 시장점유율 사이에는 높은 상관관계가 있다. 즉, 먼저 들어온 기업일수록 더 높은 시장점유율을 차지하고 있다.
- 시장에 먼저 들어온 기업일수록 광고비에 대비해 매출액의 비율이 높다. 즉, 광고의 효율이 높다.


지금까지 나온 연구결과는 한마디로 '시장진입 시점이 빠를수록 성공확률이 높다'라는 것이다. 물론 시장진입 시점 이외의 변수들도 성공 여부에 영향을 미친다. 하지만 대체로 '선발기업의 자리를 차지하는 것이 성공의 확률을 높인다'는 것이 정설이다.

그 이유는 무엇일까?

몇 가지 설득력 있는 대답이 있을 수 있지만, 경쟁의 관점에서 보았을 때 가장 중요한 이유는 선발기업의 상표가 가장 쉽게 소비자들의 마음속 깊이 자리 잡을 수 있기 때문이다.

결국 시간경쟁의 시대에서는 큰 것이 작은 것을 먹는 것이 아니다. 빠른 것이 느린 것을 먹는다. 리더들에게 그 어느 때보다도 필요한 것은 모든 고정관념에서 벗어나 시간을 자유자재로 활용할 수 있는 경영체제를 갖추는 것이다. 적절한 시기를 놓치면 사업기회를 잃고 이류로 전락하게 된다.

속전속결이라는 손자의 사상을 되새기면서, 시장에서 영원한 승자로 남기 위해 경영자가 해야 할 일을 정리해보자.


- 경영자는 시간의 중요성을 모든 직원들에게 각인시켜야 한다. 특히 시간의 기회비용, 즉 시간이 늦어짐으로써 회사가 입게 되는 손실이 상상조차 못할 정도로 크다는 사실을 알릴 필요가 있다. 어느 연구결과에 따르면 제품수명주기가 5년인 신제품의 경우, 시판이 6개월 늦어지면 이익이 33%나 줄어든다고 한다. 반면에 연구개발비가 예산을 5% 초과할 경우, 이익은 4%밖에 줄지 않는다고 한다.

- 신제품의 개발방식을 동시진행방식으로 전환하여 개발에 드는 시간을 대폭 단축한다. 이렇게 개발과정의 여러 단계를 동시에 밟으면 시간의 절감뿐 아니라, 여러 부문의 사람들이 함께 일하기 때문에 디자인과 품질도 훨씬 나아지는 일석이조의 효과를 얻을 수 있다.

- 생산과 물류 부문에서 '속도의 경제'를 달성하기 위해서는 이들 업무의 모든 과정을 근본적으로 재편성해야 할지도 모른다. 같은 일을 더 빨리 하는 것만으로는 충분치 않기 때문이다. 어떤 전자회사는 6개의 공장에서 하던 조립작업을 한

곳에 집중시킴으로써, 부품의 평균 처리시간을 3주일에서 3일로 줄였다고 한다.

- 생산, 개발 그리고 다른 업무의 흐름을 자세히 검토한다. 본연의 업무에 필요한 시간이 생각했던 것보다 훨씬 적고, 활용할 수 있는 자투리 시간이 많다는 것을 알게 된다. 이러한 여유 시간은 특히 회사 안의 각종 연결고리 상의(업무와 업무, 부서와 부서, 단계와 단계) 검토시간, 대기시간 등의 형태를 띠고 있다.

- 시간을 절약하기 위한 수단으로서 정보통신기술을 적극적으로 활용한다. 이탈리아의 패션회사 베네통Benetton은 잘 통합된 전자통신망을 이용하여 소비자의 동향에 더욱 빨리 대응하고 있다.

- 과감히 분권화한다. 신용평가나 신제품 개발에서 분권화를 통해 시간의 효율을 대폭 향상시킨 사례는 국내외를 막론하고 많이 찾아볼 수 있다. 예를 들어, 독일의 ADCA은행이 신용평가기능을 각 지점에 넘겼더니, 대출 결정에 드는 시간이 절반으로 줄었다고 한다.

- 제품이 시장에 나오기 전에 미리 땅고르기 작업을 해놓는다. 즉, 사전마케팅이 필요하다. 제품이 나오기 전에 시장이 제품을 받아들일 수 있는 분위기를 만드는 것이다. 또한 신제품의 시장도입 단계에서는 공동마케팅 같은 방법을 통해

초기에 집중적으로 마케팅자원을 투입하여 제품을 빨리 시장에 정착시키는 것이 좋다.

- 시장에 과감하게 진입한다. 보통 시장에 가장 먼저 들어가는 것이 훨씬 유리하다.
- 경영자는 시간관리에서도 한계비용과 한계효용의 균형을 맞춘다. 어느 단계에서는 시간을 절약하기 위한 비용이 그로 인한 효용보다 더 커질지 모른다. 기업은 언제나 한계비용이 한계효용을 넘지 않는 범위 안에서 움직여야 한다.

## 02
# 공격의 원리

### 지키지 않는 곳을 공격하라

66 적이 달려가지 않는 곳에 나가고, 적이 뜻하지 않은 곳으로 달려가야 한다. 천 리를 가도 피로하지 않은 것은 사람이 없는 땅을 가기 때문이고, 공격하여 반드시 뺏는 것은 그 지키지 않는 곳을 공격하기 때문이며, 방어하는 것을 확실히 지킬 수 있는 것은 적이 공격하지 못하는 곳을 지키기 때문이다."

"그러므로 공격을 잘하는 사람에 대해서는 적이 어디를 지켜야 할지 모르며, 수비를 잘하는 사람에 대해서는 적이 어디를 쳐야 할지 모른다. 99

〈손자병법 제6장 허실편〉을 보면, 손자는 놀라운 통찰력으로 공격할 때의 원리를 논의하고 있다. 손자가 말하는 공격의 원리를 이야기하기 전에, 우선 역사의 한 장면을 소개하자.

기원전 205년부터 4년간 한나라의 유방과 초나라의 항우는 북부 중국을 무대로 천하의 패권을 다투는 치열한 싸움을 벌인 적이 있다. 결국 유방이 최후의 승리를 거두어 한나라 왕조를 세웠다. 전쟁 초반에는 유방이 불리했다. 유방은 싸우면 패하고, 싸우면 또 패하여, 초나라 군대를 피해 돌아다녔다. 마침내 유방은 전선에서 후퇴하여 최후의 방어선을 펴고 항우가 이끄는 군대의 진격을 저지하려 했다. 그런데 이때 역생이라는 참모가 이렇게 말했다.

66아군에게 무엇보다도 필요한 것은 군량입니다. 그런데 '오창'은 예로부터 천하의 식량이 다 모여드는 곳으로, 지금도 그곳에는 식량이 산처럼 쌓여 있습니다. 그런데도 항우는 오창의 방위를 소홀히 하여 수비하는 군사도 별로 없는 형편입니다. 지금이야말로 좋은 기회입니다. 재빨리 오창을 뺏어 식량을 확보해야 합니다.99

유방은 곧 군대를 이끌고 오창으로 진격했다. 수비가 약한 오창을 큰 어려움 없이 탈취한 유방의 군대는 배불리 먹고 충분한

휴식을 취할 수가 있었다. 유방이 역전의 승리를 거두기 시작한 것은, 바로 이 오창 탈취작전 이후부터이다. '적이 지키지 않는 곳을 공격하여' 승리를 거둔 좋은 보기라 하겠다. 현대 경영학 용어로 풀어쓰면 다음과 같다.

- 상대방이 경쟁우위를 갖고 있지 않은 부문을 파악하고, 가능하면 그러한 곳을 선점하라.

## 허를 찌르라

" 적의 허를 찌르면 아군이 진격할 때 적이 우리를 막을 수 없다. 또한 따라잡을 수 없게 빨리 움직이는 군대는 후퇴할 때 적이 추적할 수 없다."

"그러므로 내가 싸우고자 하면, 적이 비록 성루를 높이 쌓고 도랑을 깊이 팔지라도 적이 반드시 구원해야 하는 곳을 공격하므로 적이 나와 싸우지 않을 수 없을 것이다. 또한 내가 싸우고자 하지 않으면, 땅에 금을 그어놓기만 해도 나를 지킬 수 있다. 왜냐하면 적이 나를 공격하려면 가고자 하는 방향에서 군대를 돌려야 하는데 그들은 그렇게 할 수 없기 때문이다. "

《삼국지》에도 아군이 전투를 원하지 않을 때 적군의 공격을 잘 피한 경우가 나온다. '빈 성의 계교'가 바로 그것이다.

제갈량이 불과 2천500명의 군사를 이끌고 서성에 머물 때, 위나라의 장군 사마의가 15만 대군을 이끌고 공격해왔다. 제갈량이 아무리 지략에 뛰어나다 하더라도 2천500명의 병력으로 15만 대군에 맞설 수는 없었다. 성 안에 있던 병사들은 모두 얼굴이 새파랗게 질렸다.

제갈량은 조금도 당황하지 않고 "잠깐 기다려라, 나에게 좋은 생각이 있다"라고 하더니, 사방의 성문을 활짝 열어 놓고 20명가량의 병사들로 하여금 백성의 옷차림을 하고 길을 쓸게 했다. 그리고 제갈량 자신은 도사의 옷차림으로 성루에 올라가 그곳에서 태연자약하게 향불을 피워놓고 거문고를 타기 시작했다.

성 밑까지 공격해온 사마의가 바라보니, 성 안은 이상하게 고요하고 성루 위에서는 제갈량이 거문고를 타고 있는 것이 아닌가. 이것을 본 사마의는 "이상한 일이다. 제갈량은 원래 신중한 사람으로, 한 번도 위험한 일을 저지른 적이 없다. 지금 저렇게 성문을 활짝 열어놓고 있는 것은 분명 복병이 있다는 증거다. 공격하면 제갈량의 전술에 빠지게 될 것이다."라고 하고는, 모든 군대에게 후퇴할 것을 명령했다.

이렇게 하여 사마의의 15만 대군은 썰물처럼 후퇴하기 시작했다. 이 광경을 본 성 안에 있던 병사들은 새삼 제갈량의 지모에

감탄했다.

이 부분에서 손자가 말하고자 하는 핵심이 바로 적의 '허를 찌르라'는 것이다. 손자의 이 원리를 한 문장으로 풀어쓰면 다음과 같이 정리할 수 있다.

- 상대방이 쉽게 반격하기 어려운 곳을 쳐라.

대부분, 기존 회사들은 그 구조상 또는 특수한 사정으로 쉽사리 손대기 어려운 부문이 있다. 이런 부문을 우리가 공격하면, 상대방은 상당히 곤혹해할 것이다.

예를 들어보자. '가' 회사가 자사제품의 고급 이미지를 유지하기 위해 백화점과 같은 고급매장에서만 팔고 있었다. 그런데 '나' 회사가 수준이 조금 떨어지는 유통경로를 통해 '가'의 제품과 비슷한 품질의 제품을 적극적으로 팔기 시작했다. '가'는 저렴한 가격으로 판매하는 유통경로로 선뜻 옮겨갈 수가 없다. 그렇게 했다가는 기존의 고급매장에서의 판매가 줄어들 수 있기 때문이다.

미국의 최우수 항공사인 사우스웨스트 항공Southwest Airlines은 시장진입 초기에 브래니프Braniff가 독점하다시피 하고 있던 텍사스 시장에 들어가서 텍사스 내의 세 도시(휴스턴, 댈러스, 샌안토니오) 사이에서만 운행을 했다. 반면 브래니프에게 텍사스 내 노선은 이 회사의 광범위한 미주노선의 일부에 지나지 않았다. 그래서 브래니프는 불가피하게 텍사스에서 연발, 연착을 자주 했으며, 엎친 데 덮친 격으로 서비스도 썩 좋지 않았다. 사우스웨스트 항공은 경쟁사의 이런 구조적 약점을 이용하여, 바로 이 두 가지 면(서비스, 출발·도착 시간의 엄수)에 주력했다. 그 결과 사우스웨스트 항공은 3년이 채 못 되어 텍사스 시장에서 브래니프를 물리치고 1위로 올라섰다.

## 열을 가지고 하나를 공격하라

66 내가 적의 배치상황을 파악할 수 있고, 반면에 아군의 배치상황을 숨길 수 있다면, 아군은 집중하여 하나가 되고 적군은 분산되어 열이 되므로, 이는 열로써 적의 하나를 공격하는 것이 된다. 즉, 아군은 많고 적군은 적으므로 많은 병력으로 적은 병력을 치는 결과가 되어 싸움이 수월하게 된다."

"아군과 싸워야 할 곳을 적이 알지 못하니, 이를 알지 못하면 적은 수비할 곳이 많아진다. 적이 수비할 곳이 많아지면, 아군이 맞붙어 싸워야 할 적의 숫자가 적어진다. 99

'열을 가지고 하나를 공격하라'는 것은 한마디로 '반드시 뚜렷한 경쟁우위를 갖춘 다음에 공격하라'는 뜻이다.

그러면 뚜렷한 경쟁우위, 즉 전략적 경쟁우위란 무엇인가? 다음의 세 가지 요건을 갖춘 경쟁우위를 말한다.

- 고객이 중요하다고 생각하는 부문에서 강해야 한다.
- 기업이 갖추고 있는 우위를 고객들이 사실대로 인식해야 한다.
- 경쟁사가 쉽게 따라잡을 수 없는 부문에서 강해야 한다.

예를 들어, 어느 식품회사가 큰 예산을 들여 자사제품의 포장을 개선했다. 그런데 고객들에게는 포장이 그다지 중요하지 않다고 하자. 그렇다면 이 경우에 '개선된 포장'은 전략적 경쟁우위가 될 수 없다.

다른 예를 들어보자. 어떤 회사가 고품질의 제품을 생산한다고 하자. 그런데 고객들이 이러한 품질을 인식하지 못하고 있으면, 여기서도 '고품질'은 전략적 경쟁우위가 될 수 없다. 만일 회사가 낮은 원가에 바탕을 두지 않고 일방적으로 자사제품의 값을 내린다면, 마찬가지로 전략적 경쟁우위는 생기지 않는다. 왜냐하면 경쟁사들도 쉽게 값을 내릴 수 있고 또 그렇게 할 것이기 때문이다.

그렇다면 왜 전략적 경쟁우위란 개념이 문제되는가? 그것은 치열한 경쟁에서 장기적으로 살아남으려면, 기업은 전략적 경쟁우위로 내세울 수 있는 것을 적어도 하나는 반드시 갖고 있어야 하기 때문이다.

질문을 하나 해보자. 이 질문을 보면 전략적 경쟁우위가 왜 중요한지 지극히 명백해진다.

- K회사는 고객이 중요시하는 여러 가지 부문에서 다른 회사
  보다 하나도 나은 점이 없다. 그렇다면 고객들이 이 회사에
  왜 애착을 갖겠는가?

진화론에도 이와 비슷한 '가우스의 상호배척 원리'라는 것이 있다. 이 원리에 따르면 어떤 종류의 생물이든지 살아가는 데 중요한 활동 가운데, 적어도 하나는 적보다 더 잘해야 장기적으로 살아남을 수 있다. 예를 들어 적보다 더 빨리 뛸 수 있든가, 더 높이 오를 수 있든가, 더 깊이 구멍을 파고 들어갈 수 있든가 해야 한다는 것이다. 경쟁도 진화처럼 근본적으로는 거르는 과정이며 생존을 위한 싸움이라는 것을 생각하면, 이 두 원리는 서로 통하는 면이 있다.

그런데 모든 기업의 자원은 한정되어 있으므로, 경영자는 자사의 전략적 경쟁우위로 키울 수 있는 부문 가운데 몇 개(보통

2~3개)를 선정하여 이곳에 집중해야 한다. 만약 그렇지 않고 자원을 여러 곳에 분산시키면, 어떤 부문에서도 경쟁사를 이길 수 없다.

경영자는 이러한 집중의 원리가 지켜지고 있나 알아보기 위해 "우리 회사의 전략적 경쟁우위는 무엇인가?"라고 스스로에게 물어볼 필요가 있다. 만일 이 질문에 대답을 바로 하지 못한다면, 우리 회사는 뚜렷한 경쟁우위가 없다는 증거로 보아도 좋을 것이다. 반면에 우수하다고 평가되는 회사들은 대부분 눈에 띄는 우위를 갖고 있다.

- 삼성전자 : 품질, 디자인, 생산능력
- 오뚜기 : 막강한 판매조직, 낮은 원가에 바탕을 둔 낮은 가격
- 메르세데스 벤츠 : 품질, 위신
- 스타벅스 : 독특한 스타일과 분위기
- 루이비통 : 유행을 초월한 훌륭한 상품, 뛰어난 상표 이미지
- 소니 : 혁신성, 소형화
- IBM : 서비스, 고객을 위하는 정신, 신뢰
- 마이크로소프트 : 업계 표준, 대중성
- BMW : 스포티한 멋, 기술
- 월마트 : 낮은 가격, 친절한 종업원, 방문하기 쉬운 위치

이렇듯 기업의 경쟁우위는 신중하게 선택한 부문에 과감히 힘을 쏟아야만 달성할 수 있다.


## 싸워야 할 곳을 알라

66 그러므로 싸울 곳을 알고 싸울 날짜를 안다면, 천 리 밖에 나아가 적을 만나 싸워도 되지만, 싸울 곳을 알지 못하고 싸울 날짜를 알지 못한다면, 좌측의 군대가 우측의 군대를 구원하지 못하고, 우측의 군대가 좌측의 군대를 구원하지 못하며, 전방의 군대가 후방의 군대를 구원하지 못하고, 후방의 군대가 전방의 군대를 구원하지 못할 것이다. 하물며 수천 리 떨어져 있으면 더 말할 나위 없고, 수십 리밖에 떨어져 있지 않아도 사정은 마찬가지다. 99

'마릉의 싸움'은 전투할 장소와 날짜를 예측해 적군을 격멸한 좋은 예이다.

기원전 341년, 제나라의 장수인 손빈은 일부러 군대를 후퇴시켜 위나라의 군대를 유인했다. 손빈은 이때 적군을 안심시키기 위해, 일부러 가마솥의 수를 오늘은 10만 개, 내일은 5만 개, 모레는 3만 개로 줄여 나갔다. 이것을 멀리서 본 위나라의 장수 방연은 제나라 군대에 탈영병들이 늘고 있다고 판단하고, 기병대를 이끌고 추격에 나섰다.

손빈은 위나라 군대가 어두워질 무렵 마릉에 도착할 것이라 예측했다. 그는 병사들을 시켜 길가에 서 있는 큰 나무의 줄기를 깎아내고 "방연이 이 나무 아래서 죽는다"고 큰 글씨로 쓴 다음, 많은 병사들을 매복시켜 놓았다. 그리고 병사들에게 "날이 저물면 이 나무 밑에 불이 켜질 것이다. 그 불을 목표로 일제히 공격하라"라고 명령했다.

과연 그날 밤 위나라의 기병대가 그 나무 밑에 다다랐다. 방연은 불을 켜 들고 그 나무 줄기에 쓰여 있는 글자를 읽으려 했다. 순간 매복해 있던 군사들이 일제히 함성을 지르며 활 시위를 당겼다. 위나라의 군대는 혼란에 빠져 격멸당하고, 방연은 혼전 속에서 스스로 목숨을 끊었다.

## 실을 피하고 허를 찌르라

66 무릇 군대는 물에 비유할 수 있다. 왜냐하면 흐르는 물이 높은 곳을 피하고 낮은 곳으로 달려가듯이, 군대도 적의 강점을 피하고 약점을 치기 때문이다. 99

적의 허점을 찔러 승리를 거둔 예는 수없이 많다. 중국 춘추 시대에 있었던 이야기를 하나 하기로 한다.

기원전 632년 진晉의 군대와 초·진陳·채의 연합군이 성복이라는 곳에서 마주쳤다. 진의 군대를 직접 이끌고 온 문공은 우선 연합군의 오른쪽을 맡고 있는 진나라와 채나라의 군대를 공격 목표로 삼았다. 진나라와 채나라의 군대가 원래 동맹국인 초나라와의 우호관계 때문에 마지못해 참전했기 때문에 싸울 뜻이 별로 없을 것이라고 생각했기 때문이다. 즉, 그들에게는 여기에 큰 허점이 있었다.

문공은 이 허점을 알고, 우선 이 두 나라의 군대를 공격했다. 예상했던 대로 진나라와 채나라의 군대는 순식간에 무너지고, 연합군의 오른쪽 날개가 완전히 붕괴되었다. 이 전투에서 주도권을 잡은 진의 군대는 이 여세를 몰아 초나라 군대까지 격파하여 큰 승리를 거두었다.

'싸워야 할 곳을 알라' 그리고 '실을 피하고 허를 찌르라' 라는 말이 시사하는 바는 앞에서 언급한 아래의 두 원리와 근본적으로 같다.

- 상대방이 경쟁우위를 갖고 있지 않은 부문을 파악하고, 가능하면 그러한 곳을 선점하라.
- 상대방이 쉽게 반격하기 어려운 곳을 쳐라.

한 가지 명심할 것이 있다. 공격의 대상이 되는 회사들은 전략적 경쟁우위가 있기 때문에 시장에서 일찍이 자리를 잡았을 것이다. 따라서 그들은 공격을 당하면, 분명 특유의 강점을 최대한 발휘하는 방법으로 반격할 것이다. 이럴 때 경쟁사가 강한 부문에서 우리가 지나치게 약세를 보이면, 우리의 공격이 실패로 끝날 가능성이 높다. 예를 들어, 고품질·고가의 경쟁제품을 우리가 낮은 가격으로 공격했을 때, 우리 제품의 품질이 너무 낮으면 품질을 내세우는 경쟁사의 반격에 밀리기 십상이다. 그래서 다른 공격의 원리를 추가할 필요가 있다.

– 상대방이 강한 부문에서 지나치게 약세를 보이지 말라.

동아제약의 박카스는 우리나라 드링크 시장에서 오랫동안 막강한 위치를 차지해왔다. 그런데 이것은 의약품 드링크이기 때문에 약국에서만 팔아야 한다. 의약분업제도가 정착되면서 약국의 수는 차차 줄어들게 되어 있다. 더구나 동아제약은 제약회사로서의 이미지가 워낙 강하기 때문에 의약품 이외의 제품을 팔기가 쉽지 않다. 이러한 점에 착안하여 광동제약이 내놓은 비타500은 박카스의 아성을 크게 위협하고 있다. 비타500은 박카스와는 달리 소비자들이 슈퍼에서 쉽게 살 수 있는데다가 소비자들이 두 제품의 품질 차이를 거의 느끼지 못하기 때문이다.

또한 비슷한 원리로 경쟁사가 경쟁우위를 갖고 있는 부문이 아닌, 다른 부문에서 경쟁우위를 갖추는 것이 필요하다.

《손자병법》을 바탕으로 현대 시장에서의 공격 원리를 간추리면 다음과 같다.

- 반드시 뚜렷한 경쟁우위를 갖춘 다음에 공격하라.
- 가능하면 상대방이 경쟁우위를 갖고 있는 부문이 아닌, 다른 부문에서 경쟁우위를 갖추고 상대방의 그러한 곳을 쳐라.
- 상대방이 쉽게 반격하기 어려운 곳을 쳐라.
- 상대방이 강한 부문에서 지나치게 약세를 보이지 말라.

# 03
# 손자 방식의 리더십

손자는 그의 저서 곳곳에서 지도자 및 리더십에 관해 이야기하고 있다. 그 내용은 현대 경영인이 그대로 참고해도 손색이 없을 만큼 탁월하다.

> 66 병사 보기를 아이들 보듯이 하라. 그러면 그들은 기꺼이 아주 깊은 골짜기까지 따라올 것이다. 그들 보기를 사랑하는 너의 아들 보듯이 하라. 그러면 그들은 죽을 때까지 너의 편을 들 것이다. 99
>
> 〈제10장 지형편〉

손자는 기본적으로 '자애로운 리더십'을 주창하고 있다. 하지만 그는 지나친 동정심을 강하게 경계하고 있다. 또한 손자는 상황에 맞는 리더십의 중요성을 줄기차게 강조하고 있다. 만약 리더십이 상황에 맞지 않을 경우, 심각한 결과를 초래할 수 있다고 말한다.

> " 장교가 강하고 병사들이 약하면 그 결과는 붕괴이다."
>
> 〈제 10장 지형편〉

반면에 리더십이 없어도 그 결과는 마찬가지다.

> " 병사들이 강하고 장교가 약하면, 군대가 말을 듣지 않는다."
> "장수가 약하여 위엄이 없고, 그의 지시가 명확하지 않고, 장교와 병사들에게 일관성 있는 행동방침을 주지 않으며, 병사들이 진을 칠 때도 제멋대로면, 이러한 군대는 혼란에 빠진다."
>
> 〈제10장 지형편〉

또한 손자는 장수(리더)의 주요한 역할을 이렇게 말한다.

> " 장수가 적군의 힘을 잘 헤아리지 못하고, 적은 병력으로 많은 병력을 공격하게 하고, 약한 부대로 강한 부대를 치게 하며, 가려 뽑은 병사들을 선봉에 배치하지 않으면, 그 결과는 패배이다."
>
> 〈제10장 지형편〉

"그러므로 뛰어난 지휘관은 상황을 이용하여 승리를 이끌어 내고, 부하들에게 그것을 요구하지는 않는다. 그는 사람을 가려서 상황에 맞는 임무를 맡긴다.  〈제5장 병세편〉

손자가 말한 장수의 주요한 역할은 오늘날 리더에게도 그대로 적용할 수 있다. 그 내용을 정리해보면 다음과 같다.

– 정확한 상황분석 및 그에 바탕을 둔 뚜렷한 목표의 설정
– 상황에 맞는 인재의 선발 및 배치

손자는 신속한 의사결정에 대해서도 언급하고 있다. 그는 의사결정을 질질 끄는 것을 매우 위험하다고 본다. 다음의 글에서 빠르고 단호한 행동을 강력하게 권하고 있다.

 거세게 흐르는 물이 돌을 뜨게 하는 것은 그 기세 때문이요, 매가 재빨리 날아와 먹잇감을 잡는 것은 그 시기 때문이다. 그러므로 싸움에 능숙한 사람은 그 기세가 대단하고 결정적인 시기에 순간적인 위력을 발휘한다."  〈제5장 병세편〉
"전쟁의 요체는 속도이다. 적군이 준비가 되어 있지 않으면, 그러한 상황을 잘 활용하라. 적이 예상하지 않은 길을 따라가고, 경비가 소홀한 지점을 쳐라.  〈제11장 구지편〉

손자는 또 부하들의 사기를 높이기 위해 지휘관들이 다음과 같이 행동할 것을 권한다.

> 66 규정에 구애받지 말고 포상을 하고, 선례에 얽매이지 말고 명령을 내려라. 그러면 당신은 마치 한 사람을 부리듯 3군을 움직일 수 있다. 99  〈제11장 구지편〉

다시 말해 경영자는 직원들에게 가끔 기대하지 않았던 보상을 하라는 것이다. 경영자는 이런 방식으로 강한 동기부여 motivation를 하고, 그것이 목표의 달성으로 이어지도록 해야 한다. 이에 관해 손자는 다음과 같이 말한다.

> 66 결정적인 순간에 장수는 높은 곳에 올라가서 타고 올랐던 사다리를 치워버린 사람처럼 행동한다. 그는 병사들을 적진 깊숙이 이끌고 가서야 그가 계획했던 바를 실천에 옮긴다. 그는 배를 태우고 취사도구를 부순다. 마치 양치기가 양떼를 몰듯, 그는 병사들을 여기저기 몰고 가며, 그가 어디로 가려고 하는지는 아무도 모른다."
> "장군은 조용하면서 속을 알 수 없어야 하고, 또한 반듯하고 의연해야 한다. 그는 장교와 병사들이 자신의 계획을 모르게 할 수 있어야 한다.

"병사들에게 당신의 의도를 알리지 말고 임무를 맡겨라. 전망이 좋으면 그 사실을 알리되, 위험한 일이 있으면 아무 말도 하지 마라. 당신의 군대를 아주 위태로운 상황에 투입하라. 그러면 그들은 살아남을 것이다. 그들을 절망적인 상황에 빠뜨려라. 그들은 그것을 극복할 것이다.🙷   〈제11장 구지편〉

여기서 손자가 말하고자 하는 의도를 현대의 기업경영에 적용하면, 그 핵심은 두 가지다.

첫째, 직원들에게 회사가 추구하는 목표의 자세한 내용을 알려주지 마라. 현대경영학에서는 대체로 회사의 임직원들이 같은 목표를 공유해야 한다고 이야기한다. 외부에 공표할 수 있는 커다란 전략적 목표는 물론 그렇게 해야 한다. 반면 기밀이 새어나갈 가능성을 고려해서 목표와 관련된 그 밖의 자세한 사항은 그렇게 할 필요가 없다는 것이 손자의 생각이다.

또한 손자는 목표가 뚜렷하지 않으면, 부하들이 상사를 더 믿고 따를 수밖에 없을 것으로 본다. 전투가 벌어지는 급박한 위기 상황에서는 이 생각이 물론 맞다. 그러나 바람직한 기업문화를 만들어가야 하는 현대의 최고경영자는 임직원들의 중지를 모아 회사가 추구해야 할 목표를 도출하고, 목표를 정확히 전달해야 할 책무가 있다. 한편으로는 기밀보안에 유의하면서, 또 한편으로는 회사의 모든 구성원들이 인정하고 공유하는 목표체계를 세워야 한다.

부하들에게 목표를 가르쳐주지 말라는 손자의 제안은 비상경영을 해야 하는 특수한 상황에 주로 적용된다고 봐야 한다. 필요 이상의 정보를 부하들과 공유하지 말라는 뜻 정도로 해석하면 된다. 물론 경영자는 여기서 보안의 중요성을 되새길 필요가 있을 것이다.

둘째, 경영자는 (감당할 수 있는 범위 내에서) 회사를 어려운 상태에 빠뜨림으로써 조직에 긴장감을 불어넣고 성공하고자 하는 임직원들의 의지를 불러올 수 있다. 이러한 조치를 취할 때는 경영자가 의연한 자세로 모범을 보여야 한다. 그러지 않으면 부하들의 사기가 떨어지고, 모든 것이 실패로 끝나게 된다. 이와 관련하여 손자는 〈제10장 지형편〉에서 패배를 불러오는 장수의 여섯 가지 속성을 다음과 같이 열거하고 있다.

> 첫째, 적군의 병력을 잘 헤아리지 못함.
>
> 둘째, 권위가 없음.
>
> 셋째, 충분한 교육·훈련을 실시하지 않음.
>
> 넷째, 쓸데없이 화를 냄.
>
> 다섯째, 규율을 잘 지키지 않음.
>
> 여섯째, 정예부대를 투입하지 않음.

또한 손자는 〈제8장 구변편〉에서 장수가 범하기 쉬운 다섯 가지 오류를 논의하고 있다.

> 무모함 : 죽임을 당할 수 있다.
>
> 비겁함 : 포로가 된다.
>
> 욱하는 성격 : 적으로부터 쉽게 모욕을 당하고, 모욕을 당하면 어떤 일을 저지를지 모른다.
>
> 지나친 명예심 : 자신의 평판이나 명망에 관계된 일에 너무 민감하게 반응하고, 다른 일에는 관심을 덜 기울인다.
>
> 과도한 연민의 정 : 지나치게 인정이 많으면 부하들이 겪게 될 어려움 등에 너무 신경을 쓰는 나머지, 좋은 기회를 놓치거나 과감한 의사결정을 내리지 못한다.

지금까지 한 이야기들을 종합해서 보면 손자가 생각하는 좋은 지도자의 요건은 다음과 같다.

- 적을 알고 나를 아는 능력 : 우리 회사와 경쟁사들의 강·약점을 정확히 파악하는 힘
- 상황에 따라 가장 적당한 인재를 선발·배치하는 능력
- 지나친 명예심·연민의 정에서 자유롭고, 무모하거나 감정에 치우친 결정을 내리지 않을 수 있는 힘

- 부하들의 역량개발을 위해 충분히 투자하겠다는 마음
- 조직내부의 규율을 엄격히 유지하여 부하들이 자신의 명령을 따르도록 하는 힘
- 권위의 확보 : 비겁한 일을 하지 않고, 명확하고 용기 있는 결정을 내림으로써 부하들의 신망을 얻는 힘

그리고 그중에서도 손자는 〈제3장 모공편〉에서 '싸우지 않고 이기는 것'을 최상의 전략으로 내세우고 있다.

# 적을 알고 나를 알아야

경쟁은 생존을 위한 끊임없는 싸움이다. 여기에서 살아남으려면 기업은 전략적 경쟁우위로 내세울 수 있는 것을 적어도 하나는 갖고 있어야 한다. 그런데 전략적 경쟁우위를 창출하고 방어하려면 먼저 상대방을 잘 알아야 한다. 경쟁사의 강점과 약점을 알고 있어야만 어떤 부문에서 우리가 경쟁우위를 갖출 수 있고, 어떤 부문이 위협을 받고 있는가를 헤아릴 수 있기 때문이다. 이것은 고객들 못지않게 우리 회사가 거두는 성과에 큰 영향을 미친다. 손자는 경쟁사 조사의 필요성을 이미 2천500년 전에 다음과 같이 표현한 바 있다.

“ 적을 알고 나를 알면 백 번 싸워도 위태하지 않다. 그러나 적을 모르고 나를 알면 이길 확률과 질 확률이 똑같다. 그리고 적도 모르고 나도 모르면 싸울 때마다 반드시 진다. ”

내 경험에 따르면 우리나라에는 경쟁사들에 관한 조사를 지속적·체계적으로 하는 회사가 매우 드물다. 아직 기본적인 시장조사도 제대로 못하고 있는 마당에 경쟁사 조사까지 철저하게 하라고 요구하는 것은 조금 무리일지도 모른다. 그러나 경쟁의 시대에 경쟁사 조사는 필수이다.

경쟁사를 잘 몰랐기 때문에 전략적인 잘못을 저지른 예는 우리 주변에 얼마든지 있다. 예를 들어, 해외에서 막강한 상표 이미지를 갖고 있는 미국의 하인즈Heinz와 모토롤라Motorola는 한국의 식품시장과 휴대폰 시장에서 각각 크게 패한 바 있다. 가장 큰 이유는 이들이 경쟁사인 오뚜기와 삼성전자를 잘 이해하지 못했고, 특히 이 두 회사의 의지를 과소평가했기 때문이다. 또한 한국의 할인점시장에 진출했던 프랑스의 까르푸Carrefour와 미국의 월마트Wal-Mart도 결국 실패하여 철수하고 말았다. 그것도 한국의 소비자 성향 및 경쟁사인 이마트를 잘 몰랐기 때문이라는 의견이 지배적이다.

일본의 컨설턴트 오마에 겐이치大前研一는 카메라, 모터사이클 등의 산업을 일본이 석권한 것은, 미국이나 유럽의 기존 회사들이 일본회사들을 잘 몰라서 효과적으로 그들의 공격을 막고 반격에 나서지 못했기 때문이라고 잘라 말했다.

> 66 결론적으로 말해, 일본이 비교적 쉽게 정복한 모든 시장에서 미국과 유럽의 회사들은 새 경쟁상대가 된 일본 회사들에 대해서 거의 아는 바가 없었다. 99

시장에서 이미 자리를 잡은 회사들은 새 경쟁사에 대해 모르거나 무시하는 경우가 많다. 미국에서는 대형항공회사가 참신한 전략으로 시장에 들어온 중소항공회사를 우습게 알았다가 크게 고전을 한 사례가 여럿 있다. 중소항공회사에 큰코다친 최고경영자는 자기 회사의 전략기획 과정에 대해 다음과 같이 이야기했다.

> 66 우리가 가장 약했던 부분은 (현재의 그리고 잠재적) 경쟁사들을 현실적으로 평가하는 것이었다. 99

여러분도 우리 회사는 과연 어떤가 하고 한번 생각해보기 바란다. 아마 경쟁사 조사라는 면에서 자신 있게 대답할 수 있는 회사는 별로 많지 않을 것이다. 그래서 이 부문의 중요성을 일깨우기 위해 경영자는 회사의 임직원들을 대상으로 다음과 같은 조사를 하는 것이 좋다.

- 우리는 경쟁사들에 관해 구체적으로 어떤 정보를 갖고 있어
　　야 하나?

　- 각 정보의 중요성은 어느 정도인가?

　（1점＝별로 중요하지 않다 ～ 5점＝아주 중요하다）

　- 각 정보를 우리는 얼마나 갖고 있나?

　（1점＝거의 갖고 있지 않다 ～ 5점＝필요한 만큼 갖고 있다）


　조사결과가 정보의 중요성을 나타내는 수치(1점～5점)와 정보의 보유를 나타내는 수치(1점～5점)가 거의 일치하는 것이 이상적이다. 즉, 각 정보의 중요성에 걸맞게 회사가 정보를 보유하는 것이 좋다.

　대부분 경쟁사의 기본전략, 연구개발전략, 원가상황 등에 관한 정보가 특히 부족하다. 물론 이런 것들은 가장 입수하기 어려운 정보이기는 하지만, 장기적으로 결정적인 도움을 주는 정보이다. 경영이란 어차피 사람이 하는 것이므로 상대방 회사의 주요인물(학벌, 능력, 성장과정, 과거의 업적)에 관해서도 가능한 한 자세히 알고 있어야 한다. 그래야 그들의 행동 및 그 회사의 전략・전술을 어느 정도 예측할 수 있다.

　위와 같은 조사를 통해 경영자는 자사의 임직원들에게 경쟁사 정보의 중요성과 필요성을 일깨움과 동시에, 어떤 정보가 그 중요성에 비해 부족한가를 알 수 있다.

그런데 실제 우리 기업이 직면하는 문제는 정보의 부족이 아니라, 정보를 체계적으로 수집·정리·분석하는 시스템이 없다는 것이다. 경쟁사에 관한 자료는 회사 곳곳에 널려 있는데, 그것을 정리·분석해서 의사결정에 활용하는 시스템이 없다. 즉, 자료는 많은데 정보는 없다. 그래서 이러한 문제를 해결하기 위해 해외의 회사들이 취하고 있는 조치를 몇 가지 소개한다.

- 경쟁사 정보를 전담하는 참모부서의 설치 : 경쟁사에 관한 정보를 체계적·능동적으로 수집하고 이것을 정리하고 해석하여 경영진에게 보고하는 부서를 설치한다.
- 각 부서에 경쟁사 정보 담당직원을 지명 : 마케팅·연구개발·기획실 등의 각 부서에서 한두 사람을 경쟁사 정보담당으로 지명한다. 이 사람들은 자신들의 본래의 업무 외에 경쟁사의 같은 부서와 관련하여 정보를 수집한다.
- 전담직원의 임명 : 회사의 주요 경쟁사 하나하나에 대해 담당 직원을 임명한다. 직원은 자기가 맡은 경쟁사를 체계적으로 관찰하고, 그 회사에 관한 필요한 모든 정보를 수집한다.
- 경쟁사의 전략을 토의하는 특별반의 설치 : 각 주요 경쟁사에 대해 특별반을 하나씩 만들어 이들로 하여금 자기들이 맡은 회사의 전략을 정기적으로 논의하게 한다. 이 과정에

서 각 팀의 구성원들은 모든 것을 경쟁사의 관점에서 생각하고 분석하는 기회를 갖게 된다. 이렇게 상대방의 처지에서 상황을 바라보고 전략을 세워보는 훈련은, 경쟁사들의 전략·반응을 미리 고려한 자사의 전략을 세우는 데 큰 도움이 된다. 또한 같은 사람들이 매년 똑같은 경쟁사에 대해서 연구를 하므로, 자연히 자신들이 맡은 회사에 대해서는 아주 잘 알게 된다.

회사는 이렇게 체계적이고 적극적으로 경쟁사 정보를 관리하되, 법률이 허용하는 범위 내에서 가능한 모든 정보의 원천을 활용해야 한다. 특히 회사의 영업사원들은 영업을 하는 과정에서 접하는 정보가 엄청나게 많다. 회사 차원에서 그러한 정보가 수시로 원활하게 처리되어야 함은 말할 필요가 없다.

지금까지 우리는 경쟁사 정보의 중요성에 대해 살펴보았다. 그런데 꼭 강조하고 싶은 것이 하나 있다. 그것은 경쟁사 정보가 자기 회사의 창의력을 대체하거나 결정적인 아이디어를 제공해 주는 원천이 되어서는 안 된다는 것이다.

경쟁사 정보는 우리가 경쟁사를 얕보거나, 너무 늦게 반응하거나, 중대한 실수를 범하거나 하는 등의 일을 방지하는 데 도움이 된다. 그러나 그것만으로는 선두가 될 수 없다. 예술이나 학문에서와 마찬가지로, 기업경영에서도 자기의 아이디어는 없고 남의 것을 베끼거나 모방만 해서는 앞서가는 기업을 절대로 따라잡을 수 없다. 더구나 경쟁사의 방식을 자기 회사의 행동지침으로 삼으려고 하면 경쟁사 정보가 오히려 해가 될 수도 있다. 특히 상대가 막강한 회사거나 선진국의 기업들이라면, 경쟁사가 하는 모든 일을 굉장하게 여기는 경우가 많다. 그러나 원숭이도 나무에서 떨어지듯이 선두기업도 실수하는 때가 있다. 또 경쟁사가 하는 일이 우리한테 맞는다는 보장도 없다.

경쟁사 정보 또는 선진 기업의 경영방식은 우리가 활용해야 하는 많은 정보의 일부에 지나지 않는다는 것을 우리는 잊지 말아야 한다. 남을 연구하고 남한테서 배우는 궁극적인 목적은 우리에게 맞는 우리 나름의 길을 찾기 위함이다.

경쟁에서 이기려면 우선 상대방을 잘 알아야 한다. 이런 평범한 진리를 우리는 잊고 지내는 때가 많다. 조직의 미래를 책임지고 있는 리더라면 아래의 세 가지 사항을 꼭 염두에 두어야 한다.

- 경쟁사 조사는 고객 조사만큼 중요하다.
- 경쟁사 정보를 체계적으로 관리하는 시스템이 필요하다.
- 경쟁사 정보가 우리의 창의력을 대신해서는 안 된다. 우리는 우리가 가야 할 길을 스스로 찾아야 한다.

만일 여러분의 회사가 아직 경쟁사 정보를 제대로 관리하고

있지 않다면, 그로 말미암아 회사에 어떤 일이 일어날 수 있는가
를 생각해보기 바란다.

## 미래의 리더들에게 손자가 건네는 말

孫 子

백 번 싸워서 백 번 이기는 것이 최선이 아니요, 싸우지
않고 적군을 굴복시키는 것이 최선의 방법이다.

길에도 가지 말아야 할 길이 있고, 치지 말아야 할 군대
가 있으며, 공격하지 말아야 할 성이 있다. 또한 다투지
말아야 할 땅이 있으며, 듣지 말아야 하는 임금의 명령도
있다.

전쟁을 하는 사람은 적군이 오지 않을 것이라고 가정하
지 말고, 그들을 맞이할 태세를 갖추는 데 힘을 쏟아야 한
다. 또한 적이 공격하지 않을 것이라고 생각하지 말고, 그
들이 감히 아군을 넘볼 수 없도록 해야 한다.

3

인류 최초로 고객만족을 주창한

# 석가

남을 이롭게 하면,
그 이로움이 결국
자기에게 돌아온다

Buddha

─────────────── BUDDHA ───────────────

•

•

**사**람들은 석가의 말이 담겨 있는 경전을 무궁무진한 지혜의 바다라고 말한다. 그 지혜는 이 세상의 어느 분야에도 적용되며, 기업경영도 물론 그 예외가 아니다. 특히 석가의 말들이 기업경영에 중요한 이유는 그의 가르침이 현실과 현장을 아주 중시한다는 것이다.

중생들의 괴로움을 덜어주기 위해 제자들과 함께 설법을 베풀다 생을 마감한 석가는 '남을 이롭게 하면 그 이로움이 결국 자기에게 돌아온다'는 자리이타 정신을 중요시했다. 오늘날 기업의 철저한 고객만족정신을 연상시키는 대목이다. 고객을 진정으로 섬긴다는 마음으로 대하고, 그들에게 최대한의 이로움을 주겠다는 생각으로 경영하면 그 공덕으로 회사는 무한히 번성하게 되어 있다.

요즘 기업들의 이념을 보면 항상 빠지지 않는 것이 고객만족이다. 하지만 고객을 위한다는 게 마음처럼 쉽지는 않다. 내 생각이 고객의 생각과 같을 것이라고 예단하는 '자기중심적 사고'를 버리고 고객의 마음을 이해하는 석가의 지혜가 필요하다.

# 01

# 남을 이롭게 함으로써 스스로를 이롭게 한다

최근에 세상을 떠난 하버드 경영대학원의 테오도르 레빗 Theodore Levitt 교수는 "비즈니스란 상품을 생산하는 과정이 아니고, 고객을 만족시키는 과정"이라고 말한 바 있다.

이처럼 고객만족customer satisfaction은 현대마케팅이론의, 아니 현대경영이론의 가장 핵심적인 개념이다.

고객만족을 중시하는 회사는 먼저 표적고객target customers의 욕구와 필요가 무엇인지를 알아낸다. 그 다음 고객의 만족도에 영향을 미칠 수 있는 모든 마케팅활동을 통합·조정하여 고객이 만족감을 느끼게 하고, 그 만족감을 계속 유지하도록 함으로써 이익을 올린다.

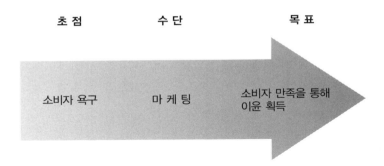

**현대 기업의 마케팅 철학**

　　고객만족이 수익성에 얼마나 큰 영향을 미치는지는 다음 페
이지의 그림을 참고하면 알 수 있다. 고객이 제품·서비스를 구
입하고 난 후, 만족할 때와 만족하지 못할 때의 차이는 회사가 막
연하게 생각하는 것보다 훨씬 크다.

　　이렇게 '진정으로 고객을 만족시키면 회사는 자연히 번창한다'
는 사상은 오늘날 마케팅의 기본철학으로 널리 받아들여지고 있다.

　　불교의 핵심사상 중 하나는 "남을 이롭게 하면 그 이로움이
결국 자기에게 돌아온다"는 자리이타自利利他 정신이다. 지금 소
개하는 〈화엄경 보현행원품〉의 한 구절은 불교의 간절한 '자리이
타' 정신을 잘 나타내고 있다.

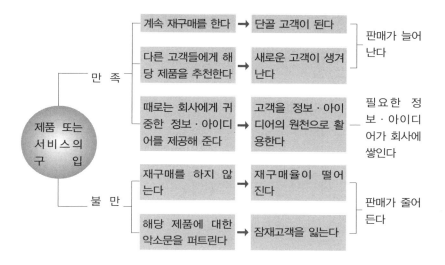

**고객이 만족할 때와 그렇지 않을 때의 차이**

　❝ 보현보살이 말했다.

모든 중생을 수순隨順하고 섬기고 공양하기를, 부모와 같이 하고 스승과 같이 하며 아라한이나 석가와 다름없이 대한다. 병든 이에게는 의사가 되어주고, 길 잃은 이에게는 바른 길을 가리켜주며, 어두운 방에는 등불이 되고, 가난한 이에게는 재물을 얻게 한다.

이와 같이 보살은 모든 중생을 평등하고 이롭게 한다. ❞

〈화엄경 보현행원품〉

오늘날 기업경영의 관점에서 생각하면, 불교의 '자리이타' 정신은 결국 철저한 고객지향정신이다. 기업경영의 고객만족철학을 '자리이타'라는 말보다 더 간결하고 정확하게 표현하기는 힘들 것이다. 진정으로 섬긴다는 마음으로 고객을 대하고, 그들에게 최대한의 이익을 주겠다는 생각으로 회사를 경영하면 회사는 무한히 번성하게 되어 있다.

고객지향정신이 결국은 석가의 가르침이므로, 모든 기업은 더 철저하게 이 '자리이타' 정신을 실천하는 것이 가장 확실한 번영의 길이라는 것을 다시 한 번 새길 필요가 있다.

IBM의 마케팅 담당 부사장을 10년간 역임했던 제임스 로저스의 이야기는 고객만족을 고민하는 사람이라면 한 번쯤 깊이 음미해볼 가치가 있다.

66 고객이 어느 회사에 대해 할 수 있는 최고의 칭찬은 그 회사의 마케팅 책임자에게 다음과 같이 이야기하는 것이다.

'나는 당신 회사의 판매원들이 회사를 위해 일하는 것인지, 나를 위해 일하는 것인지 도무지 알 수가 없다'. 99

# 02

# 간절한 원을 세워라

 

 

> 원願은 삶의 강한 용기인 동시에 새로운 의지입니다. 먼저 어떤 목적을 이루기 위해 원을 세우고, 다음으로 그것을 실행하는 것이 또한 정진입니다. 이를 원행願行이라고 합니다. 원만 있고 행이 없어도 안 되고, 행만 있고 원이 없어도 안됩니다. 원과 행이 일치될 때 두 바퀴 달린 수레와 같이 제대로 굴러갈 수 있습니다……
>
> 원을 세움으로써 불확실하고 시들한 인생이 분명해지고, 생기에 찰 수 있고, 그에 따라 살아 있는 보람도 누릴 수 있습니다. 원이 없으면 우리 인생은 빈 껍데기처럼 공허합니다.
>
> 우리가 시들한 반복의 일상 속에서 거듭거듭 새롭게 태어나려면, 저마다 자기 처지와 특성에 따라 청정하고 광대한 원을 세워야 합니다.

법정, 《산방한담》

1983년 2월 한국 삼성그룹의 이병철 회장은 반도체 사업을 삼성그룹의 주력업종으로 삼겠다는 사업구상을 발표했다. 당시 반도체 사업은 전망이 불투명한 상태였고, 이 분야에서 한국은 선진국에 비해 10년 이상 뒤떨어진 상태였다. 게다가 반도체사업은 연구개발과 최첨단 공장을 건설하는 데에 계속해서 엄청난 돈을 쏟아 부어야 했다.

이 회장 주변의 사람들은 이런 현실적인 문제를 거론하면서 삼성이 이 사업에 뛰어드는 것을 모두 반대했다고 한다. 그러나 오늘날 반도체 사업 없는 삼성전자는 생각할 수 없으며, 우리나라의 반도체 산업은 국제경쟁력을 갖춘 몇 안 되는 국가 산업 중 하나로 꼽히고 있다.

애플Apple사를 설립한 스티브 잡스Steve Jobs가 '한 사람당 컴퓨터 한 대씩'이라는 자신의 꿈을 실현하려고 애쓰기 시작한 1970년대 중반, 컴퓨터 업계는 모두 그를 비웃었다.

최초의 PC(개인용 컴퓨터)가 나오고 일 년이 지난 1977년에도 DEC의 회장인 켄 올센은 "각 개인이 모두 집에 컴퓨터를 갖고 있어야 할 이유는 없다"고 장담했다. 1979년 1월 당시 IBM 회장 프랑크 캐리는 하버드 경영대학원에서 강연하면서 IBM이 PC사업에 진출할 것이냐는 질문에 "우리는 세탁기 회사가 아닙니다"라고 대답했다.

그후 스티브 잡스의 꿈이 어떻게 실현되었는지는 우리 모두 잘 알고 있다.

1974년에 안경점을 처음 연 독일의 귄터 필만은 모든 사용자에게 좋은 안경을 값싸게 공급하겠다는 원대한 비전을 갖고 있었다. 오늘날 그의 회사는 유럽 제일의 규모를 자랑하며 계속 성장하고 있으며, 거대한 동유럽 시장에 눈을 돌리고 있다.

기업이 성장하기 위해서는 이병철 회장이나 스티브 잡스, 필만이 보여준 것처럼 기업을 이끌어갈 비전이 꼭 필요하다. 최고 경영자의 중요한 임무 중 하나는 정신적인 선구자로서 회사에 장기적인 방향을 제시하는 것이다.

불교에서는 삶의 뚜렷한 방향을 설정하고, 자주적인 인생을 살기 위해 반드시 크나큰 원을 세우라고 가르친다. 그 원이 간절하면 간절할수록 그것을 이루려는 힘, 즉 원력願力이 크기 때문에 도중에 물러나지만 않는다면 반드시 목표에 도달할 수 있다고 한다.

그렇다면 문제는 우리가 그토록 간절한 원을 세우느냐 아니냐이다.

이것은 기업경영에서도 마찬가지다. 경영자가 회사를 위해 비전을 만들고 방향을 제시하는 것은 바로 회사를 위해 발원發願, 즉 원을 세우는 행위이다.

휴렛 팩커드를 세운 데이비드 팩커드, 마이크로소프트의 빌 게이츠, 소니의 모리타 그리고 월트 디즈니는 모두 미래를 그리며 발원을 했던 사람들이다.

회사의 전략적 자원은 회사가 어디로 가고 있는지 확실할 때에만 목표에 맞게 투입될 수 있다. 그래야만 회사는 제대로 의사결정을 내리고, 직원들이 같은 곳을 향해 나아가며, 하나의 통일된 주체로 자신 있게 움직일 수 있다. 방향을 잃고 갈팡질팡하는 배는 폭풍우를 만나기 쉽다.

기업경영에서 전략 업무가 점차 큰 비중을 차지하게 되면서 목표지향성·방향성은 그 중요성이 어느 때보다 더욱 커지고 있다. 많은 회사들이 연구개발, 인재양성, 경쟁우위의 확보, 시장확충, 해외진출 등 수많은 전략적인 과제에 부딪치고 있다.

회사의 장기적인 문제를 해결하기 위해 자원을 효과적이고 효율적으로 운용하려면, 미래의 세계와 그 세계에서의 우리 회사의 위치를 명확하게 그림으로 그려야 한다. 그렇게 만들어진 비전, 즉 기업의 원이야말로 직원들에게 뚜렷한 방향감각을 줄 수 있다. 동시에 직원들의 강한 동기를 유발하고 폭발적인 에너지를 분출시키는 힘도 갖게 된다.

직원들은 그들이 동감하고 그들을 받쳐주는 비전이 생기게 되면 일에서 보람과 의미를 찾게 되며, 그들의 잠재력을 발산시킨다. 회사 전체를 끌고 가는 견인력이 자연스럽게 생긴다. 프랑스의 작가 생텍쥐페리는 다음과 같이 말했다.

> 66 만일 당신이 배를 만들고 싶으면, 사람들을 불러모아 목재를 가져오게 하거나 일을 지시하거나 일감을 나눠주거나 하지 말아라. 대신 그들에게 저 넓고 끝없는 바다에 대한 동경심을 키워주어라. 99

새로운 뱃길을 찾아 서쪽으로 떠났다가 아메리카 대륙을 발견한 콜럼버스도 그러한 동경심에 이끌린 것이 아닐까? 직원들도 마찬가지로 동경심을 갖고 있다. 결국 그것은 방향과 목표를 제시해주는 비전에 대한 간절한 그리움이다.

앞에서 법정은 먼저 원을 세우고 다음에는 줄기찬 실행, 즉 정진이 필요하다고 했다. 원과 행이 같이 가야 한다는 것이다.

기업의 원이 되는 비전도 같다. 그것은 오로지 물러나지 않는 마음, 즉 끈질긴 노력에 의해서만 성취될 수 있다. 물론 미래의 시장 추세와 회사의 능력을 면밀히 검토한 바탕 위에서의 노력을 말한다.

좋은 비전이란 미래에 대한 꿈과 현실감각이 적절한 균형을 유지할 때 나온다. 비전이 지나치게 환상적이면 직원들이 믿지 않지만, 적당히 환상적이면 그들의 엄청난 잠재 에너지를 이끌어 낼 수 있다. 다시 말해 기업의 간절한 원이라고 할 수 있는 비전은 해볼 만하고 해낼 수 있는 것, 바로 그것이다.

## 03

# 어느 곳에 있든지
# 있는 그 자리에서 주인이 되어라

K씨는 대학을 졸업하고 섬유수출 회사에 취직해 10여 년을 성실히 근무했다. 그런데 회사가 어려워지고 월급도 제때에 안 나오자, 사람들이 대부분 떠나가고 회사는 엉망진창이 되었다. 결국 K씨를 제외한 거의 모든 사람이 회사를 그만두었다. 그는 회사일을 혼자 도맡다시피 하여 1년 정도를 꾸려나갔다.

그렇게 혼자서 일을 맡다 보니, 자연히 실무는 말할 것도 없고 회사 경영하는 법, 망한 회사 정리하는 법도 웬만큼 알게 되었다. 드디어 사장마저 손을 떼면서 그에게 회사를 한번 맡아보라고 했다. 다 아는 일이라 못 할 것도 없겠다 싶어 처분하지 못한 몇 가지 시설을 양도받아 회사를 새로 시작했다.

얼마 후 뜻밖에도 국제경기가 나아지는 덕에 회사 사정이 크게 좋아졌다. 급기야는 예전보다도 더 큰 회사가 되었다. 주위에서는 그의 성공을 축하하고 부러워했다. 얼마 후 갓 대학을 졸업한 조카가 인사차 찾아온 자리에서 그는 이렇게 말했다.

>  66 오래 몸담았던 회사의 곤경을 나 몰라라 할 수 없어서 주위의 욕과 비난을 들으면서도 회사를 지켰던 것인데, 이제 생각하니 그것이 주인의식이더구나. 잘되면 붙어 있고 안 되면 떠나는 것은 언제나 남의 집 사는 사람의 마음이고, 설사 잘 안 돼 어려워도 버리지 못하는 것이 주인의 마음이다. 그렇다면 내가 그때 주인의 마음을 가졌고, 마음이 주인이었기 때문에 결국 사장이 된 것 아닐까? 회사에서 일을 할 때는 꼭 주인의식을 갖고, 혹시 이것이 남의 회사라는 생각으로 내가 소홀히 하는 것이 없나 늘 살피고, 맡은 바 자기 일에 충실해야 한다. 99

최근 들어 많은 기업들이 '기업문화가 필요하다', '기업문화를 바꿔야 한다', '기업문화를 정립해야 한다' 등 '기업문화'라는 말을 자주 쓰고 있다. 기업들의 기업문화에 대한 강한 관심은 일시적인 현상일까 아니면 그 이상의 무엇이 있는 것일까?

먼저 이런 질문을 하고 싶다.

– 당신은 당신의 정력과 시간의 몇 %를 회사 내부의 저항을

극복하는 데 쓰고 있습니까?

- 만일 현재의 회사가 당신 것이라면, 어떻게 끌고 나가겠습니까?

- 직원들의 말투는 둘 중 어느 것입니까?

  "회사에 이런 문제가 있다"(3인칭)

  "우리는 이런 문제가 있다"(1인칭)

이런 질문을 해보면 여러분의 회사가 어떤 기업문화를 갖고 있는지 어렴풋이나마 알 수 있다.

기업문화란 '기업의 모든 구성원들이 인정하고 공유하는 그 기업의 가치관 및 목표체계'이다. 기업문화가 중요한 것은 기업의 생산성과 능률과 매우 밀접한 관계가 있기 때문이다. 훌륭한 기업문화는 기업의 믿음직스러운 전략적 경영우위가 될 수 있다. 경영자들이 추구하는 바람직한 기업문화란 대체로 이렇다.

- 신속한 의사결정과 (신속한) 정책의 시행이 가능한 문화
- 생산적이고 창의적인 직장 분위기
- 회사에 대한 뜨거운 애사심
- 새로운 변화에 빨리 그리고 수월하게 적응하는 기업체질
- 끊임없이 새로운 것을 배우고 받아들이는 학습문화

이런 것들은 모두 어느 정도의 시간이 지나야만 얻을 수 있는 회사의 귀중한 자산이다. 시간이 걸려야만 얻을 수 있는 경쟁우위는 그만큼 확보하기가 힘들지만, 일단 확보해놓으면 시간이라는 요소 때문에 경쟁사들이 쉽게 따라잡을 수 없다. 그래서 좋은 기업문화는 기업의 지속성 있는 전략적 경쟁우위가 될 수 있다.

기업문화의 가장 바람직스러운 형태는 기업의 모든 구성원이 '이 회사는 내 회사다' 라는 주인의식을 갖고 각자 맡은 일을 당당히 처리해나가는 분위기일 것이다.

석가 또한 주인의식을 세상을 떠나는 날까지 강조했다.

❝ 너 자신을 등불로 삼고, 진리를 등불로 삼아라. ❞

너무나도 유명한 이 말은 가는 곳이 어디든지 내가 있는 모든 곳에서 주인이 되라는 의미이다.

사장부터 평직원에 이르기까지 모든 직원이 주인의 마음을 갖고 일에 전념한다면, 그 회사의 앞날은 무척 밝을 것이다. 이러한 기업문화가 없는 어느 대기업의 출장규정은 무려 89쪽이었다. 그러나 주인의식이 정착된 어느 중소기업의 출장규정은 단 한마디이다.

❝ 각자 자기 돈을 쓰듯이 회사 돈을 아껴 씁시다. ❞

앞으로 기업경영을 해나가는 데 기업문화의 중요성은 점점 더 커질 것이다. 미래의 경영자가 풀어야 할 중요한 과제는 '주인의 마음'을 모든 임직원들의 머리와 가슴속에 깊이 심어주는 것이다.

# 04

# 경영은 실천이다

법수 보살이 말했다.

❝ 듣는 것만으로는 석가의 가르침을 다 알 수 없다.

이것이 구도求道의 진실한 모습이다.

맛있는 음식을 보고도 먹지 않고

굶어 죽는 사람이 있듯이

듣기만 하는 사람들도 그와 같다.

백 가지 처방을 다 알고 있는 의사도

병에 걸려 낫지 못하듯이

듣기만 하는 사람들도 그와 같다.

가난한 사람이 밤낮없이 남의 돈을 세어도

자기는 한 푼도 차지할 수 없듯이
듣기만 하는 사람들도 그와 같다."

〈화엄경 보살명난품〉

아무리 경전을 많이 외울지라도
이를 실천하지 않는 방종한 사람은
남의 소만 세고 있는 목동일 뿐
참된 수행자의 대열에 들 수 없다.

아무리 사랑스럽고 빛이 고울지라도
향기 없는 꽃이 있는 것처럼
실천이 따르지 않는 사람의 말은
번지르르할지라도 그 결실이 없다.

〈법구경〉

불교와 기업경영의 가장 큰 공통점은 가르침이나 전략을 얼마나 잘 실행implement하느냐에 모든 게 달렸다는 것이다. 많은 사람들이 불교는 현실과 동떨어졌다고 생각하지만 앞서 인용한 경전의 말을 자세히 살펴보면, 불교는 많이 아는 것보다 얼마나 실천하느냐를 훨씬 더 중시한다.

그런데 무슨 이유에서인지 그동안 경영학계에서는, 전략을 개발하는 것이 그것을 실행하는 것보다 더 창의적이고 중요한 일로 여겨지고 있다. 기업이 시장에서 성공하는 데 결코 전략이 실행보다 더 중요하다고 말할 수 없다. 오히려 실행이 전략보다 성공에 더 큰 영향을 미친다고 해야 할지 모른다.

아래의 그림을 보자. 아무리 좋은 전략이라도 제대로 실행되지 않으면 의미가 없다. 반면에 전략이 조금 잘못되었더라도 훌륭하게 실행하면, 그 전략의 단점도 상당히 희석할 수 있는 경우가 많다. 물론 좋은 전략을 잘 실행하면, 그 효과는 크게 증폭된다.

| 실 행 | 전 략 적합 | 전 략 부적합 |
|---|---|---|
| 훌륭하다 | 성공 | 구제(rescue) 또는 파멸(ruin) |
| 제대로 안 된다 | 골칫거리 (trouble) | 실패 |

경쟁이 치열할수록 뛰어난 실행능력은 기업의 믿음직스러운 경쟁우위가 된다. 전략을 주도면밀하게 실행할 수 있는 능력은 경쟁사가 짧은 시간 내에 따라잡기 힘들기 때문이다. 3분카레로 유명한 식품회사 오뚜기는 약 2천500명의 막강한 영업조직을 갖

고 있으며, 해당 직원들이 전국 구석구석을 다니면서 유통망을 관리한다. 영업사원은 회사가 세운 영업전략을 현장에서 실행하는 첨병이다. 우수한 영업조직을 바탕으로 한 뛰어난 실행능력이야말로 다른 식품회사가 오뚜기를 따라오지 못하게 만드는 전략적 경쟁우위이다.

전략이란 실행되는 만큼 효과가 있다. 경영자는 이 사실을 명확히 인식하고 적합한 전략을 세우는 것뿐만 아니라, 회사의 전략 실행능력을 키우는 데도 힘을 기울여야 한다.

아래 그림에서 새로운 견해를 알 수 있다. 당연히 전략이 실행에 영향을 미치지만, 최근 들어 전략이 실행의 영향을 받기도 한다.

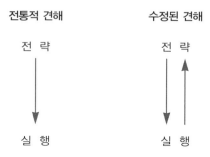

기업경영에 있어서 전략과 실행은 둘로 나눠진 것이 아니고, 동전의 양면이다.

끝으로, 많이 아는 것보다 하나라도 실천하는 것이 더 중요하다는 불교의 가르침을 일깨워주는 일화를 소개하겠다.

당나라의 유명한 시인인 백낙천이 젊었을 때, 어느 고을의 관직을 맡아서 부임하게 되었다. 그 고을에는 선사가 한 분 살고 있었다. 그가 나무 위에서 참선을 했기 때문에, 사람들은 그를 '새둥지' 스님이라고 불렀다.

하루는 백낙천이 이 스님을 찾아갔다. 선사는 고을의 원님인 백낙천이 왔는데도 내려오지 않았다.

백낙천이 나무 위를 쳐다보며 선사에게 물었다.

"도대체 불교란 무엇입니까?"

"뭐, 불교란 것이 대단한 게 아니라, 나쁜 짓 하지 말고 착한 일 하라는 것이야."

백낙천은 거창하고 어려운 법문을 기대했는데, 듣고 보니 너무 시시했다.

"그까짓 것, 세 살 먹은 어린애도 알 수 있는 것 아니오."

백낙천의 말이 떨어지기 무섭게 선사는 말했다.

"세 살 먹은 어린애도 알기는 쉽지만, 팔십 먹은 늙은이도 행하기는 어려우니라."

그 말에 백낙천은 무릎을 꿇었다고 한다.

# 05

# 사람의 무한한 가능성을 신뢰하라

## 상불경 보살 이야기

불교에서는 믿음을 매우 강조한다. 믿음은 모든 석가의 어머니요, 깨달음에 드는 문이라는 등……

그러나 불교의 이러한 믿음은 다른 종교에서 말하는 믿음과는 본질적으로 다르다. 기독교의 믿음이 하나님에 대한 절대적인 신앙이라면, 불교의 믿음은 인간성에 대한 확고한 신뢰이다.

인간은 무지하고 사악하기 이를 데가 없다. 그러므로 어떤 진실을 기대할 수는 없다. 모든 면에서 한정된 인간의 능력으로 일체의 한정을 넘어선 절대적인 진리를 인식하려는 것부터가 인간의 오만일지도 모른다.

그러나 불교의 믿음은 인간의 이러한 사악함과 유한성에 절망
하지 않고 인간성을 끝까지 신뢰하는 것이 그 결정적인 특징이다.

다시 말하면 인간은 스스로 깨달을 수 있는 능력이 있으며,
자기의 구원을 스스로 실현할 힘이 있다는 것이다.

〈법화경〉에 나오는 상불경常不輕 보살은 이러한 뜻을 잘 보여
준다. 상불경 보살은 사람들을 대할 때마다 "당신들은 석가가 될
것입니다"라고 말했다고 한다.

사람들이 그를 조소하고 나무라도, 심지어는 몽둥이로 때리고
돌을 던져도, 그는 이 모든 괴로움을 감내하면서 "당신들은 석가가
될 것입니다"라는 말을 멈추지 않고 한결같이 예배했다고 한다.

이 이야기는 불교적 믿음의 극치를 보여준다. 사람을 사람으
로 존경함은 물론, 각자의 마음속에 누구나 석가의 성품이 있음
을 깨우쳐준다.

이 유명한 상불경 보살 이야기는 경영자들에게 사람이 기업
의 가장 중요한 자산이라는 사실을 일깨워준다. 스탠포드 대학의
제프리 페퍼Jeffrey Pfeffer 교수가 1994년에 출간한《사람이 경쟁력
이다》라는 책을 보면, 서양의 경영학자들도 이 사실에 눈뜨고 있
다는 것을 알 수 있다.

하버드 경영대학원의 마이클 포터 교수가 1980년에《경쟁전
략Competition Strategy》이라는 책을 써낸 이후, 세계의 많은 기업들
은 자기 회사만의 독특한 경쟁우위를 갖추고 또 그것을 지키는

데에 각별히 신경을 써왔다. 그들은 기술과 마케팅에 엄청난 투자를 하고, 시장에서 전략적 위치를 차지하려고 노력해왔다. 그러나 페퍼 교수의 연구에 따르면, 1972년에서 1992년에 걸쳐 가장 높은 수익률을 올린 다섯 회사의 공통점은 한마디로 말해 '사람을 잘 관리하는 것'이었다.

세계적인 기업들의 성공비결은 사람의 무한한 잠재력을 인정하고 그것을 꾸준히 개발하고 활용하는 것이다.

하버드 경영대학원의 벤슨 샤피로Benson P. Shapiro 교수는 하버드에서 가르치려고 하는 경영철학을 아래와 같이 표현한 적이 있다.

66 사람이 중요하고 사람만이 일을 해낼 수 있다.99

경쟁시대가 끝나지 않는 이상 회사가 전략적 경쟁우위를 갖추려면 생각해낼 수 있는 모든 자원을 활용해야 한다. 즉, 모든 기업은 자사의 생산성, 효율, 제품 및 서비스의 품질을 향상시키기 위해 끊임없이 피나는 노력을 해야 한다. 그래야만 장기적으로 살아남을 수 있다. 그렇게 하려면 경영자는 '회사의 으뜸가는 보배＝직원'이라는 사실을 늘 염두에 두고 직원들의 잠재력, 특히 지적 잠재력과 기업가 기질이 빛을 발할 수 있도록 힘을 기울여야 한다.

# 06

# 눈에 보이지 않는 자기자본을 쌓아라

" 석가가 코삼비 교외 숲속을 제자들과 거닐 때의 일이다. 마침 낙엽이 뒹굴고 있는 것을 보고 석가는 그 낙엽을 한 웅큼 쥐며 제자들에게 물었다.

"내 손에 있는 나뭇잎과 저 숲속에 있는 나뭇잎 중 어느 것이 더 많으냐?"

"그야 숲속의 나뭇잎이 비교할 수 없을 만큼 많습니다."

그때 석가가 다시 제자들을 향해 말했다.

"비구들이여, 그와 마찬가지로 내가 설한 가르침은 손바닥의 나뭇잎 정도로 적고, 내가 설하지 않은 부분은 저 숲속에 있는 나뭇잎처럼 많으니라. " 〈상응부 경전〉

불교는 세계의 여러 종교 가운데 가장 많은 경전을 갖고 있다. 그것은 석가가 45년 동안 한시도 쉬지 않고 만나는 사람 모두를 위해 간곡하게 설했기 때문이다. 어느 학자는 《반야경》만 해도 신약, 구약성서를 합친 것의 약 25배 분량이 된다고 했다. 이처럼 불교의 경전은 방대하며 주옥같은 가르침을 담고 있다. 그럼에도 불구하고 석가는 그 가르침은 손바닥 위에 있는 나뭇잎에 지나지 않는다고 말했다. 이것은 무한한 진리 자체와 표현된 것, 눈에 보이는 것의 유한성을 가르쳐준다.

《금강경》을 비롯한 다른 경전에서도 석가는 눈에 보이는 형상에 집착하지 말라고 수없이 강조한다. 표현된 것, 눈에 보이는 것은 어차피 진리를 설명하는 방편이고, 시간이나 장소 그리고 사람에 따라 제약을 받는 상대적인 것이기 때문이다. 이러한 상대적인 것을 '진리 그 자체다'라고 생각하고 매달리면, 무한하고 절대적인 진리를 유한하고 상대적인 것으로 만드는 결과를 낳는다.

누구나 살다 보면 정말로 귀중한 것, 대단한 것은 눈에 잘 보이지 않고 표현하기도 어렵다는 생각을 하게 된다. 그것은 기업 경영에서도 마찬가지다. 일본 히도쓰바시 대학의 이타미 히로유키伊丹敬之 교수는 기업이 보유하고 있는 여러 가지 경영자원 중에서 이른바 '보이지 않는 자산invisible asset'의 중요성을 크게 부각시켰다.

그가 말하는 보이지 않는 자산이란, 구체적으로 기업의 기술력, 상표 지명도, 직원의 사기, 생산 노하우, 신용, 조직풍토 등을 말한다. 그렇다면 보이지 않는 자산은 어떤 특징을 갖고 있을까?

- 돈이 있어도 살 수 없다. 그래서 스스로 만들거나 쌓아가는 수밖에 없다.
- 만들거나 쌓는 데 시간이 걸린다. 보이지 않는 자산은 돈이 있어도 살 수 없고 만들거나 쌓는 데도 시간이 걸리므로, 타사와의 경쟁에서 좋은 차별화의 원천이 될 수 있다.
- 일단 확보하면, 여러 가지 형태로 동시에 이용할 수 있다. 예를 들어, 어느 제품의 성공으로 회사가 고객의 신용을 얻으면, 그것을 다른 제품의 판매에 이용할 수 있다. 또 기술 한 가지를 깊이 이해하면, 그것을 여러 분야에 응용할 수 있다.
- 사업을 잘해 나가는 데 필요하다.

이타미 교수는 이런 특징을 가진, 보이지 않는 자산이 기업 경쟁력의 궁극적인 원천이라고까지 말하고 있다. 단기간에 쉽게 넘보지 못할 차별화를 꾀하고 있는 기업이라면, 보이지 않는 자산을 어떻게 축적하고 이용하는가에 대해 치열하게 고민해야 할 때이다.

또한 일본 도시샤 대학의 요시다케 다카스케吉武孝祐 교수도 이제는 '보이는 자기축적'에서 '보이지 않는 자기축적'으로 발상을 전환하라고 권하며 다음의 구체적인 방법을 제시했다.


　- 경영사상, 신조를 다듬는다.
　- 연구회, 학회활동을 게을리 하지 않는다.
　- 직원을 열심히 교육한다.
　- 직원의 창조력을 적극 개발한다.
　- 미래의 회사에 대한 꿈을 키운다.


　우리 기업도 매출액, 멋진 사옥, 화려한 광고 같은, 눈에 보이는 것에 집착하는 태도를 바꿔야 한다. 남에게 보이기 위해 사업을 하는 것은 아니지 않은가. 겉만 그럴싸한 회사보다는 속이 알찬 회사가 훨씬 낫다. 보이지 않는 기업의 자산이 더 오래가고 더 귀중하다. 보이는 것에 집착하지 말라는 부처의 가르침을 명심하고 좋은 기업 이미지, 창의성을 중시하는 기업문화, 학습하는 직장 분위기, 뜨거운 애사심 등의 보이지 않는 자기자본을 꾸준히 쌓아가야 할 것이다.

# 07

# 순간순간 하고 있는
# 일에 집중하라

독일의 헤르만 지몬Hermann Simon 박사는 세계시장을 석권하고 있는 독일 초우량 중소기업들의 전략을 연구한 적이 있다. 지몬 박사는 이 회사들을 이끄는 사람들의 특징을 다섯 가지로 간추렸다.

첫째, 그들은 회사와 자기 자신의 구분이 없을 정도로 일에 철저히 몰두한다는 것이다. 마치 뛰어난 예술가에게는 그의 생활과 작품활동이 분리되어 있지 않듯이, 그들에게는 회사와 자기 자신이 다르지 않다.

최고경영자가 사심 없이 회사 일에 온 힘을 쏟음으로써 생기는 이점은 한두 가지가 아니다. 이러한 이점을 논하기 전에 먼저 부처의 가르침을 되새겨볼 필요가 있다.

66 지나간 것을 좇지 말고

아직 오지 않은 일은 마음에 두지 말라.

과거는 이미 흘러가 버렸으며

미래는 아직 이르지 않았다.

그러므로 단지 지금 하고 있는

일만을 있는 그대로 잘 관찰하라.

흔들림 없이 동요 없이

오직 오늘 해야 할 것을 열심히 하라. 99

〈중부경전 131, 일야현자경〉

이 말을 간단하게 요약하면 지금 현재 하고 있는 일, 그 순간 순간에 대해 순수한 하나의 마음으로 임하라는 가르침이다.

우리는 흔히 몸은 여기에 있지만, 생각은 다른 곳에 가 있는 경우가 많다. 그 '다른 곳'은 지나간 과거일 수도 있고, 아직 오지 않은 미래일 수도 있다. 또 하고 있는 일과는 전혀 다른 엉뚱한 생각일 수도 있다. 이러면 눈앞의 일에 충실할 수가 없다. 그러니까 지금 눈앞의 일을 100% 순수한 하나의 마음으로 대하라는 것이다. 글을 쓸 때는 100% 글쓰기만 하고, 읽을 때는 100% 읽기만 하라는 것이다.

회의를 할 때나 결재서류를 검토할 때 또는 교육을 받을 때도 마찬가지다. 그렇게 되면 그 순간순간은 과거, 현재, 미래가 무르녹은 큰 시간, 다시 말해 영원한 현재eternal now가 되어 늘 새롭다고 여기게 된다. 이로써 하고 있는 일들은 가장 창조적인 일이 될 수 있다.

어떤 사람이 책 읽기에 몰두할 때, 흔히 그가 독서삼매讀書三昧에 빠져 있다고 표현한다. 이것은 책 읽는 사람과 책이 하나가 된 상태, 주관과 객관의 구분이 없어진 경지를 가리킨다. 이런 상태에서 책을 읽으면 얼마나 효과적인가는 두말할 나위도 없다.

마찬가지로 경영자가 철두철미하게 회사 일에 집중하면, 그는 매우 효과적이고 효율적으로 일을 처리할 수 있다. 이뿐만 아니라 집중하는 사람만이 얻을 수 있는 깊은 통찰력과 지혜로 말미암아 다른 사람보다 한 차원 높은 의사결정도 할 수 있다.

경영자의 이러한 태도는 직원들에게 희망과 자신감을 주며, 고객들에게는 존경과 신뢰를 불러일으킨다. 애사심을 갖고 있는 직원들의 존재, 회사에 호감을 갖고 있는 많은 고객들의 존재가 그대로 회사의 경쟁력으로 이어진다.

허공 같은 마음으로 순간순간 하는 일에 최선을 다해 임하라는 2천500년 전의 석가의 가르침은, 오늘의 기업경영에도 그대로 적용되는 진리이다.

116

# 08

# 바람직한 기업의 토론문화

윈스턴 처칠은 "미래의 제국은 두뇌의 제국이다"라고 말한 바 있다. 미래학자 앨빈 토플러는 앞으로는 '지식'이 가장 큰 힘의 원천이 될 것이라고 예언했다. 이것은 정치에서나 경제에서나 마찬가지다. 이라크 전쟁은 한마디로 노하우(기술정보) 전쟁이었다. 기술정보 면에서 뒤처진 이라크는 결국 미국에게 항복의 깃발을 들었다.

이런 사정은 기업 간의 경쟁에서도 마찬가지다.

더 나은 지적 자본intellectual capital을 갖고 있으며, 이것을 시장에서 잘 활용하는 회사가 경쟁에서 이기게 마련이다. 21세기 초에는 모든 일자리의 70% 이상이 주로 머리를 써서 하는 일이 될 것이라고 말하는 사람도 있다. 경영학의 아버지 피터 드러커

Peter Drucker는 20년 후의 전형적인 대기업은 오늘날의 종합병원이나 교향악단(둘 다 두뇌집약적인 조직)과 비슷한 방식으로 운영될 것이라고 말했다. 이미 우리 주변의 많은 두뇌집약적인 조직체(경영자문회사, 연구소, 기술집약적인 각종 첨단기업)에서는 모든 직원의 80% 이상이 대학 졸업 이상의 학력을 갖고 있다.

그러다 보니 기업들은 인재전쟁을 치르고 있다. 경영자에게는 회사 내의 두뇌력brain power을 개발하고 활성화하는 것이 시급하게 요구된다. 특히 젊고 똑똑한 직원들이 그들의 엄청난 지적 잠재능력을 마음껏 발휘하도록 해줘야 한다. 만일 그러한 분위기가 조성되지 않고 그들의 의견이 계속해서 받아들여지지 않는다면, 직원들도 차차 고정관념에 물들게 된다. 회사가 진정으로 직원들의 지적능력을 존중하고 혁신을 원한다면, 먼저 현재의 고정관념을 깨는 모든 의견과 발상 그리고 아이디어에 겸허하게 귀를 기울여야 한다. 바꾸어 말해 열린 토론문화의 정착이 꼭 필요하다.

지금 소개하는 나가세나 스님의 이야기를 통해 열린토론 문화의 중요성에 대해 다시금 생각할 수 있을 것이다.

## 현자의 토론, 제왕의 토론

> 밀린다 왕이 말했다.
>
> "나가세나 스님, 나와 토론하시겠습니까?"
>
> 나가세나는 이렇게 대답했다.
>
> "폐하, 만일 폐하께서 현자의 태도로 토론하시겠다면 저도 응하겠습니다. 그러나 제왕의 방식으로 토론하시겠다면 저는 응할 뜻이 없습니다".
>
> "나가세나 스님, 현자로서 토론한다 함은 어떻게 하는 것입니까?"
>
> "대체로 현자의 토론에 있어서는 문제가 해명되고 해설되고 비판받고 수정되고 반박당하는 경우가 있다 할지라도, 현자는 결코 성내지 않습니다."
>
> "그렇다면 제왕으로서 토론한다 함은 어떻게 하는 것입니까?"
>
> "제왕은 토론을 할 때 대개 한 가지 것을 주장하고 한 가지 것만을 밀고 나가며, 그의 뜻을 따르지 않는 사람에게는 왕의 권위로 벌을 주라고 명령합니다."
>
> "알았습니다. 저는 제왕으로서가 아니라 현자로서 스님과 토론하겠습니다. 스님께서는 다른 스님이나 신도들과 토론하듯이 거리낌 없이 자유롭게 말씀해주시기 바랍니다."
>
> "좋습니다."
>
> "그럼 질문하겠습니다. 〈밀린다 왕의 물음〉

그렇다면 미래의 기업경영이 요구하는 바람직한 토론문화가 뿌리를 내리도록 하려면 경영자는 구체적으로 어떤 조치를 취해야 할까?

- 우선 서로 믿고, 마음을 열고, 대화를 많이 나누는 조직 분위기를 만든다.

회사의 구성원들이 혁신하려는 의지와 새로운 아이디어를 갖고 있지만, 조직의 분위기가 그러한 것들을 억누르는 경우가 상당히 많다. 개방적인 분위기와 커뮤니케이션의 중요성은 아무리 강조해도 지나치지 않다.

- 다음, '왜'라는 질문을 자주 그리고 스스럼없이 던질 수 있는 풍토를 만든다.

경영자는 스스로 회사경영과 관련된 여러 측면에 대해 질문을 하고, 직원들에게도 그렇게 하도록 권한다. 창의적인 사람들은 언뜻 당연한 듯이 보이는 것에 대해서도 항상 "왜 그럴까?"라는 의문을 갖는다. 경영자는 이들의 그러한 면을 북돋아주어야 한다.

- 마지막으로 기술자, 마케팅 혹은 영업 종사자들을 한곳에 모은다. 이들이 서로 싸우지 않고 함께 문제를 풀어가려고 애쓰면 반드시 좋은 해답이 나온다.

사람은 나이가 들수록 현실에 안주하고 싶어하고, 자기의 의견에 맞장구치지 않는 사람을 달가워하지 않는 경향이 있다. 경영자도 예외는 아니다. 그러나 직원들의 생각을 넓은 마음으로 받아들이는 경영자의 태도와 기업의 토론문화가 경영자와 기업에게는 훌륭한 자산이다. 이로써 경영자와 기업은 더욱 빛난다.

열린 토론문화의 정착을 위해 경영자들은 한번쯤 부처의 다음 말을 되새겨보는 것은 어떨까?

> 반석이 그 어떤 바람에도
> 끄떡하지 않는 것처럼
> 어진 사람은 비방과 칭찬에
> 흔들리지 않는다. 〈법구경〉

# 무엇을 들었다고
# 쉽게 행동하지 말라

## 타이레놀 이야기

1980년대 초 미국에서는 전국을 크게 떠들썩하게 한 이른바 타이레놀 사건이 일어났다. 몇몇 소비자가 미국의 대표적인 진통제 타이레놀을 복용하고 사망한 것이다. 많은 사람들이 이제 타이레놀은 끝이라고 생각했다. 제조회사인 존슨앤존슨Johnson & Johnson은 한때 타이레놀을 시장에서 철수시킬 생각까지 했다. 그러나 IRI Information Resources Inc.에 따르면 타이레놀의 판매변화를 빨리 파악하게 해준 스캐너데이터(scanner data, 스캐너라는 기계로 수집된 자료) 덕분에 타이레놀은 살아났다.

IRI는 오로지 스캐너데이터만을 이용하여 마케팅 분석을 하는 회사다. 이 사건이 발생한 지 열흘이 채 되기도 전에 타이레놀의 시장점유율은 47%에서 6%로 떨어졌다. 그렇지만 월요일에 벌써 지난주의 판매상황을 알려주는 IRI의 보고서는, 소비자들이 과민하게 반응을 보인 얼마간의 시간이 지나자 시장점유율이 다시 올라가고 있다는 것을 보여주었다.

이것을 두고 당시 IRI의 부사장은 "만일 존슨앤존슨이 이러한 보고서를 받기 위해 석 달을 기다려야 했다면 이미 끝장이 났을 것이다"라고 말했다. 즉, 중요한 데이터를 빨리 얻을 수 있었기 때문에 이 회사는 중대한 전략적 실수를 범하지 않을 수 있었던 것이다.

제1장에서 언급한 대로 우리는 모든 것이 점점 더 빨라지는 시대를 살고 있다. 이러한 속도의 시대에서는 기업경쟁이 시간경쟁이다.

즉, '규모의 경제'가 아닌 '속도의 경제economies of speed'가 기업의 성패에 큰 영향을 미치는 시대가 되고 있다. 속도의 시대에서는 빠른 의사결정과 그에 따른 신속한 실행이 경쟁우위의 원천이다. 그러나 석가의 말을 빌려보면, 그러한 때일수록 정보의 정확성을 반드시 확인하고 깊이 생각하는 여유를 가져야 한다.

　　❝유리하다고 교만하지 말고,
불리하다고 비굴하지 말라.

무엇을 들었다고 쉽게 행동하지 말고,

그것이 사실인지 깊이 생각하여

이치가 명확할 때 과감히 행동하라. "            〈잡보장경〉

빠르다는 것과 신중하다는 것은 결코 양립 못할 개념이 아니다. 타이레놀 사건에서 알 수 있듯이 소비자가 몇 명 죽었다는 소식만 듣고 존슨앤존슨이 타이레놀을 즉각 시장에서 철수시켰다면, 그후 회사는 엄청난 기회비용을 부담했을 것이다.

역설적이게도 아무리 바쁘더라도 늘 여유를 갖고 신중히 의사결정을 내릴 수 있는 경영자의 자세가 '속도의 경제' 시대에 경쟁우위가 되는 것이다.

석가는 "이치가 명확할 때 과감히 행동하라"라는 말로 업무의 과감한 추진을 강하게 주장했다. 기업이 깊이 생각한 후에 확신을 갖고 의사결정을 하면, 그 확신으로 말미암아 더욱 힘차게 업무를 해나갈 수 있다. 더불어 경영자는 흔들리지 않는 강한 신념으로 온 힘을 다해 사업에 매달려야만 성공을 기대할 수 있다. 깊은 생각 끝에 내린 신중한 결정, 과감한 실천, 사업의 성공은 모두 연장선상에 있다고 봐야 한다.

석가의 이야기를 마무리하면서 불교에 대한 심각한 오해 한 가지를 풀려고 한다. 흔히 사람들은 불교가 현실을 떠난 문제나 세계를 추구하는 것으로 생각한다. 그러나 '독 묻은 화살' 이야기를 들어보면 석가는 제자들이 현실성 없는 일에 매달리는 것을 경계했으며, 자신의 가르침이 당면한 문제를 바로 보고 해결하는 길임을 수없이 강조했다는 것을 알 수 있다.

## 독 묻은 화살

66 석가가 사밧티의 기원정사에 있을 때였다. 제자 말룽캬는 홀로 조용한 곳에 앉아 이렇게 생각했다.

'세계는 영원한가, 무상한가, 무한한 것인가, 유한한 것인가? 목숨이 곧 몸인가, 목숨과 몸은 다른 것인가? 여래는 최후最後가 있는가, 없는가, 아니면 최후가 있지도 않고 없지도 않은가? 세존께서는 이와 같은 말씀은 전혀 하시지 않는다. 그러나 나는 그 같은 태도가 못마땅하고 더는 참을 수가 없다.

세존께서 세계는 영원하다고 말씀하신다면 수행을 계속하겠지만, 그렇지 않다고 하신다면 그를 비난하고 떠나야겠다.'

말룽캬는 해가 질 무렵 자리에서 일어나 석가를 찾아갔다. 조금 전에 혼자서 속으로 생각한 일을 전하고 이렇게 덧붙였다.

"세존께서는 저의 이같은 생각에 대해서 한결같이 진실한 것인지 허망한 것인지 기탄 없이 바로 말씀해주십시오."

석가는 물었다.

"말룽캬여, 너는 이전에 내가 네게 세상은 영원하다고 말했기 때문에 나를 따라 수행을 하는 것이냐?"

"아닙니다."

"그 밖의 의문에 대해서도, 내가 이전에 이것은 진실하고 다른 것은 허망하다고 말했기 때문에 나를 따라 도를 배우는 것이냐?"

"아닙니다."

"말룽캬여, 너는 참 어리석구나. 그런 문제에 대해서는 내가 일찍이 너에게 말한 적이 없고 너도 또한 내게 말한 적이 없는데, 너는 어째서 부질없는 생각으로 나를 비방하려고 하느냐?"

말룽캬는 석가의 꾸지람을 듣고 고개를 숙인 채 말이 없었다. 하지만 속으로는 의문이 가시지 않았다.

이때 석가는 비구들을 향해 말했다.

"어떤 어리석은 사람이 '만약 석가가 나에게 세계는 영원하다고 말하지 않는다면, 나는 그를 따라 도를 배우지 않겠다'라고 생각한다면, 그는 그 문제를 풀지도 못한 채 도중에서 목숨을 다하고 말 것이다.

이를테면, 어떤 사람이 독 묻은 화살을 맞아 견디기 어려운 고통에 처했을 때, 그의 친족은 곧 의사를 부르려고 했다. 그런데 그는 '아직 이 화살을 뽑아서는 안 되오. 나는 먼저 화살을 쏜 사람이 누구인지를 알아야겠소. 성은 무엇이고, 이름은 무엇이며, 어떤 신분인지를 알아야겠소. 그리고 그 활이 뽕나무로 만들어졌는지 물푸레 나무로 만들어졌는지, 화살은 보통 나무로 된 것인지 대로 된 것인지 알아야겠소. 또 화살깃은 매털인지 독수리털인지 아니면 닭털인지를 먼저 알아야겠소.' 이와 같이 말한다면 그는 그것을 알기도 전에 온몸에 독이 퍼져 죽고 말 것이다.

세계가 영원하다거나 무상하다는 소견 때문에 나를 따라 수행한다면 그것은 옳지 않다. 세계가 영원하다거나 무상하다고 말하는 사람에게도 생로병사와 근심 걱정은 있다. 또 나는 세상이 무한하다거나 유한하다고 단정적으로 말하지 않는다. 왜냐하면 그것은 이치와 법에 맞지 않고, 수행이 아니며, 지혜와 깨달음으로 나아가는 길이 아니고 열반의 길도 아니기 때문이다.

그러면 내가 한결같이 말하는 법은 무엇인가. 그것은 곧 괴로움苦과 괴로움의 원인集과 괴로움의 소멸滅과 괴로움을 소멸하는 길道이다. 어째서 내가 이것을 한결같이 말하는가 하면, 이치에 맞고 법에 맞으며, 수행인 동시에 지혜와 깨달음의 길이며, 또한 열반의 길이기 때문이다. 너희는 마땅히 이와 같이 알고 배우라."

석가께서 이렇게 말씀하시니 말룽캬를 비롯하여 여러 비구는 기뻐하면서 받들어 행했다. 〈중아함 전유경〉

벙어리처럼 침묵하고 임금처럼 말하며, 눈처럼 냉정하고
불처럼 뜨거워라.

너희는 저마다 자신을 등불로 삼고 자기를 의지하라. 또
한 진리를 등불로 삼고 진리를 의지하라. 이밖에 다른 것
에 의지해서는 안 되느니라. 모든 것은 덧없나니 게으르
지 말고 부지런히 정진하라.

남이 내 뜻대로 순종해주기를 바라지 말라. 남이 내 뜻대
로 순종해주면 마음이 스스로 교만해지나니, 그래서 성인
이 말씀하시되 내 뜻에 맞지 않는 사람들로 무리를 이루
라 하셨느니라.

**4**

인사관리의 대가

# 마키아벨리

부하들을 칭찬하거나
아니면 내보내라

Niccolo Machiavelli

•

•

《군주론》이라는 세계적으로 유명한 책을 지은 니콜로 마키아벨리(1469~ 1527)의 이름에서 유래한 마키아벨리즘이라는 말은 흔히 부정적인 뜻으로 쓰인다. 그것은 마키아벨리가 이 책에서 권력을 얻고 유지하려는 사람에게 살인, 폭력, 기회주의적인 행동, 약속 위반 등의 수단을 권장하고 있기 때문이다. 군주론 제18장 〈지배자는 스스로가 한 약속을 얼마나 지켜야 하나〉에 주로 이런 내용이 나온다.

군주론에 나오는 말들을 아무런 비판 없이 받아들이고, 또 현실 정치에 맹목적으로 적용한다면 불행한 일이 일어날 것임에 틀림없다. 군주론이 많은 독자들을 이렇게 오도할 수 있다는 의미에서 매우 위험한 책인 것은 틀림없다.

그럼에도 불구하고 이 책은 헤겔, 피히테, 부르크하르트 등 기라성 같은 대가들의 칭송을 받았으며, 불후의 명저의 하나로 아직도 널리 읽히고 있다. 그 까닭은 무엇인가?

그것은 한마디로 말해 군주론의 내용이 오늘날까지 그 현실성을 전혀 잃지 않고 있기 때문이다. 군주가 대신을 선정한다는 것은 결코 가벼운 일이 아니다. 군주의 생각 여하에 따라서는 좋은 인재도 혹은 쓸모없는 인물도 등용될 수 있기 때문이다. 기업도 마찬가지다. 얼마나 탁월한 인재를 뽑고 그들을 적재적소에 배치하느냐에 따라 기업의 성과도 달라진다는 사실을 기억할 필요가 있다.

# 인사관리 및 리더십

마키아벨리Niccolo Machiavelli가 《군주론》에서 말하는 내용 가운데 많은 부분은 오늘날 현대경영학에서 이야기하는 인사관리 및 리더십에 관한 것이다. 그가 군주(CEO)에게 주는 도움말 중 어떤 것은 뜻밖이면서도 상당히 설득력이 있다.

예를 들어, 통상적으로 우리는 일 잘하는 직원을 칭찬하고 그렇지 않은 직원은 나무란다. 그러나 마키아벨리를 이렇게 직원을 대하라고 권한다.

66 부하들을 호의적으로 대하거나 아니면 제거하라. 왜냐하면 그들은 조금이라도 모욕을 당하면 반드시 복수를 하지만, 크게 당하면 그렇게 할 수 없기 때문이다. 따라서 군주가 어떤 사람을 냉대

하려고 하면, 그러한 일은 후환을 두려워할 필요가 없도록 처리해야 한다.** 〈제3장〉

쉽게 말해서 칭찬하거나 내보내거나 둘 중의 하나라는 것이다. 또한 마키아벨리는 눈높이를 높이라고 말한다. 마키아벨리는 자기가 실제로 추구하는 것보다 아랫사람들에게 더 높은 목표를 제시하는 사람을 훌륭한 지도자로 본다. 그의 말을 더 들어보자.

**"현명한 사람은 마치 숙달된 궁수처럼 행동한다. 숙달된 궁수는 활의 힘에 비해 표적이 너무 멀다고 생각하면 과녁 너머의 허공을 겨냥하여 시위를 당긴다. 그것은 화살로 그 허공을 맞추려는 것이 아니라, 높은 곳을 겨냥한 바로 그 힘으로 목표지점에 도달하기 위한 것이다.** 〈제6장〉

마키아벨리는 목표를 달성하지 못하는 위험을 최소화하기 위해, 마치 금융기관이 채권이 제대로 회수되지 않을 때를 대비하여 충당금을 쌓듯이, 일종의 안전쿠션을 만들어놓으라고 권한다.

시사점 1 : 마키아벨리식 직원 다루기
- 일 잘하는 직원을 칭찬하라.
- 반면에 일을 깔끔하게 하지 못하는 직원을 야단치지 말라.

만일 당신이 상관으로서, 그의 일에 만족하지 못하고 그가 회사에 기여하는 바가 그다지 크지 않다고 생각되면, 차라리 그를 해임하라.

- 당신이 실제로 달성하고자 하는 것보다 더 많은 것을 직원들에게 요구하라.


승진에 관한 마키아벨리의 생각을 보면 우리가 생각하는 것 이상으로 재미있으면서 의외이다. 잘 알려져 있다시피 구미의 경영학자들은 꽤 오래전부터 이른바 편편한flat 조직을 주창해왔다. 반면에 동양에서는 아직까지도 상하의 구별이 뚜렷한 계층조직이 발달해 있다. 그래서 동양에서는 크고 작은 업적을 승진의 형태로 보상하는 경향이 강하다. 이에 비해 승진을 경영의 도구로 적극적으로 활용하지 않는 서양에서는, 승진이 사기를 올리는 요소로 작용하는 힘은 상대적으로 약하다. 계층의 수를 줄이려는 오늘날의 경향을 알 리 없는 마키아벨리는 자주 칭찬하고, 업적이 그다지 뛰어나지 않더라도 승진시키라고 권한다.


" 군주가 폭력을 행사할 때는 전격적으로 후닥닥 해치워서 그것이 덜 느껴지도록 해야 한다. 그래야만 폭력의 악영향이 줄어든다. 그러나 자선은 조금씩 자주 베푸는 것이 좋다. 그래야만 백성들이 더 잘 느낄 수 있기 때문이다. 군주가 무엇보다 유념해야 하는 것은 어떠한 사건이 일어나도(그것이 좋은 일이건 나쁜 일이건) 이러한 행태가 달라져서는 안 된다. 어려운 시기가 닥쳤을 때 군주가 갑자기 거칠게 행동하면 그동안의 좋은 행위도 빛을 잃는다. 사람들은 그러한 자선행위가 위선이라고 생각하고 그것에 대해 고마움을 느끼지 않는다. " 〈제8장〉

동기부여와 승진에 대한 마키아벨리의 생각을 다음과 같이 정리할 수 있다.

시사점 2 : 동기부여와 승진
- 부하직원들을 드물게 크게 승진시키기보다는 자주 조금씩 올려줘라.
- 부하직원들이 승진을 기대하지 않을 때 올려줘라.

여기서 말하는 승진이란, 직급의 상승에 더해 봉급의 인상, 포상, 표창, 권한의 확대 등의 작은 조치들을 포함하는 포괄적인 개념이다. 좋은 성과를 격려하는 방법은 매우 많으므로 경영자는 그것들을 잘 활용하기만 하면 된다.
또한 마키아벨리는 아랫사람들의 힘이 점점 커져서 그들이 심각한 위협이 될 수 있는 상황을 언급하고 있다.

    **다른 사람의 힘을 키워준 사람은 스스로 몰락하게 되어 있다. 왜냐하면 남을 키워준 사람이 지닌 힘의 원천은 유능함 또는 무력인데, 새로 권력을 갖게 된 사람에게는 이 두 가지가 모두 부담스럽기 때문이다.**  〈제3장〉

예를 들어, 어떤 사장이 한 부하직원을 총애하여 그를 여러 차례 승진시켜서 이제 그가 부사장이 되었다고 하자. 그러면 사장이 새 부사장의 능력을 그만큼 높이 평가하는 것은 확실하다. 한편 대주주들은 실력 있는 새 부사장이 현재의 사장을 대신하면서도 적은 비용을 들일 수 있는 대안이라는 생각을 하게 되면, 이는 곧 사장의 해임으로 이어질 수 있다.

그렇다면 부하가 위험한 존재가 될 것인가 아닌가는 미리 어떻게 알 수 있는가? 마키아벨리는 다음과 같이 전한다.

    **주인을 모시는 방법에는 크게 두 가지가 있다. 주인과 운명을 같이하겠다는 생각으로 주인에게 모든 것을 맡기는 경우와 그러지 않는 경우이다. 탐욕스럽지만 않다면 주인에게 모든 것을 맡기는 부하들은 존중하고 아껴야 한다. 하지만 주인에게 전적으로 기대지 않을 부하들의 경우에는 두 가지 가능성을 고려해야 한다. 하나는 그 부하가 겁이 많거나 타고난 용기가 부족해서 그렇게 하는 것이다. 그렇다면 당신은 그들을 이용해야 한다. 그들이 똑똑하**

여 머리를 잘 활용할 수 있으면 더욱더 그렇다. 그렇게 하면 그들은 좋은 시절에는 당신을 존경할 것이고, 나쁜 때에는 당신이 그들을 두려워할 필요가 없기 때문이다. 반면에 그들이 공명심이 있어 의도적으로 당신에게 마음을 주지 않는다면, 그들이 당신보다는 스스로를 더 생각한다는 증거이다. 군주는 이러한 사람들을 경계해야 한다. 그리고 그들을 잠재적인 적으로 간주해야 한다. 그들은 상황이 불리해지면 언제든지 옛 주인을 무너뜨리는 데 협조할 사람들이기 때문이다. **"** 〈제9장〉

마키아벨리의 이 말은 우리에게 다음과 같은 시사점을 던져준다.

시사점 3 : 아랫사람을 키울 때의 자기방어
- 회사의 부하들은 사심과 야망이 없을 수도 있지만, 당신의 경력에 위협을 줄 수도 있다.
- 결국 승진 대상자가 당신을 위협하지 않는 범위 내에서만 그를 밀어줘라.
- 그 범위를 넘어서면 당신은 그를 당신에게 묶어놓아야 한다.
- 만일 그렇게 할 수 없으면, 그가 공명심이 있고 야심적인가를 먼저 파악한다. 그 결과, 대답이 '아니오'이면 당신은 그와 계속해서 함께 일할 수 있다. 그러나 대답이 '예'이면 당

신은 그를 예의주시하면서 의심스러우면 피하라. 심지어 그와 헤어질 각오도 해야 한다.

직원들을 묶어놓는 방법에는 여러 가지가 있다. 예를 들어, 컨설팅업계에는 이른바 '파트너십'이라는 제도가 있다. 이것은 유능한 컨설턴트에게 지분참여를 할 수 있는 기회를 줌으로써 그를 회사에 묶어놓는 것이다. 회사의 전망이 밝으면 이것은 매우 좋은 투자가 될 수 있다. 그러나 컨설턴트는 먼저 주식을 사들일 자금을 준비해야 한다. 대체로 컨설턴트는 당장 그럴 만한 돈이 없으므로 회사의 보증으로 대출을 받게 된다. 만약 그가 다른 회사로 옮기려면 갚지 않은 대출금은 즉시 상환해야 한다. 이것이 전직의 큰 걸림돌임은 말할 것도 없다.

"구더기 무서워서 장 못 담근다"라는 속담에서 보듯이 잠재적인 위험을 회피하기 위해 무능한 사람들만 데리고 일하는 것은 참으로 어리석은 일이다. 우수한 인적자원은 성공의 필수요건이다.

❝ 함께 일할 각료를 선임하는 것은 군주에게 있어서 매우 중요한 일이다. 얼마나 좋은 사람들을 고르느냐는 바로 군주의 안목에 달려 있다. 백성들이 군주와 그의 능력에 대해 갖는 첫인상은 그를 둘러싸고 있는 사람들에 의해 결정된다. 각료들이 유능하고 충성심이 있으면, 백성들은 군주를 현명하다고 여길 것이다. 군주는 다

른 사람의 실력을 알아보고 각료들을 자기 사람으로 만들 줄 알기 때문이다. 그러나 군주의 주변 사람들이 무능하면 백성들은 군주를 낮게 평가할 수밖에 없다. 인사人事가 만사萬事인데 여기서 실수를 했기 때문이다.❞  〈제22장〉

마키아벨리의 관점에서 보면, 일 잘하고 유능하면서도 사심이 없고 야망도 없는 부하들을 찾아내서 묶어두어야 한다.

그렇다면 야망이 있는 부하가 정말로 그렇게 위험한 존재가 될 수 있을까? 흔히 야망이 있는 직원은 지식과 재능을 갖추고 있으며, 능력을 최대한 발휘하려는 의지가 있다. 어느 시점이 되면 다른 회사가 그에게 손짓을 할 수도 있고, 그가 독립을 할 수도 있다. 만일 이렇게 실력 있고 야심 찬 직원이 전직 또는 독립에 따른 위험을 무릅쓰고 회사를 떠난다면, 이거야말로 회사에는 큰 위협이 될 수 있다.

독일의 뮌헨에 있는 세계적인 컨설팅회사 로랑 버거 전략컨설턴트Roland Berger Strategy Consultants 이야기는 이러한 사례의 좋은 예이다. 이 회사의 설립자인 로랑 버거는 미국 컨설팅회사 BCG Boston Consulting Group의 컨설턴트로 일했다. 그는 얼마 동안 BCG에서 컨설팅 노하우를 배운 다음, 자신의 컨설팅회사를 차리기로 마음먹었다. 현재 로랑 버거 전략 컨설턴트는 2천 명의 직원을 거느리는 세계적인 컨설팅회사로 성장했다. 유럽에서는 이미 그 규모가 BCG를 능가하고 있다. 결론적으로 말해 BCG는 경쟁사를 키워준 셈이다.

시사점 4 : 좋은 부하와 동료
- 좋은 부하와 동료는 성공의 원천이다. 따라서 성공하고자 하는 사람은 능력 있는 부하들을 주변에 많이 두거나 좋은 동료들과 연합해야 한다.
- 그러나 스스로의 목적을 달성하기 위해서는 사심이 없거나 야망이 없는 동료나 부하를 고르는 것이 중요하다.

여기서 반드시 짚고 넘어가야 할 것은, 누구나 기업경영을 하다 보면 야망이 있는 사람이 더 잘해낼 수 있는 과제에 맞닥뜨리게 마련이라는 사실이다. 보통 그러한 과제는 CEO를 비롯한 고위임원의 몫이다. 이런 경우에 회사는 야망이 있는 임직원을 투입해야 하며, 그러기 위해서는 미리 이런 사람들을 확보해야 한다. 회사가 야심만만한 임직원들을 미리 채용하고 그들이 계속 회사에 머무르게 하려면, 회사는 그들의 야망을 채워줘야 한다. 다시 말해 그들에게 높은 수준의 보수를 주고 그들의 능력을 최대한 인정해줌으로써 다른 회사에 관심을 가질 필요가 없게 하라는 말이다.

이것은 '군주에 의한 각료의 선임' 부분에서 엿볼 수 있는 마키아벨리의 시각과 크게 다르지 않다. 마키아벨리가 말하는 각료는 현대 기업의 일반직원보다는 CEO나 고위임원에 해당하는 개념이라고 볼 수 있기 때문이다.

지금부터는 현대 기업경영의 화두로 부상한 리더십에 관해 살펴보기로 하자. 마키아벨리가 바라본 리더십은 대체로 다음과 같다.

> 66기업이 위기에 처했을 때는 권위주의적인 리더십이 적당하고, 정상적인 상황에서는 참여를 유도하는 리더십이 더 낫다.99

리더십 문제에 대해서도 마키아벨리는 또 한 번 기존의 통념을 넘어서는 해법을 제시하고 있다. 우리가 지금까지 마키아벨리에 대해 갖고 있는 이미지를 생각하면, 지극히 권위주의적인 리더십을 옹호할 것으로 보인다. 하지만 그는 일종의 '주고받기' 리더십을 제안한다.

> 66만일 어느 장관이 당신보다 자기 자신을 위해 일을 하면서 잇속을 챙긴다면, 그는 결코 쓸모 있는 각료가 아니며, 당신은 그를 결코 믿을 수 없을 것이다. 나라일을 하는 사람은 반드시 자신이 아닌 군주를 늘 생각해야 하고, 나라일과 관계없는 일에 눈을 돌려서는 안 되기 때문이다. 한편 군주 또한 장관을 생각해줌으로써 그의

충성을 확보해야 한다. 그리고 군주는 장관에게 명예와 부를 주어야 하고, 장관은 군주에게 의무감을 느끼게 하며 모든 명예와 의무에 동참하는 기회를 주어야 한다.

이렇게 하면 장관은 군주가 없으면 자신도 살아남을 수 없음을 알게 되고, 이미 명예와 부를 갖추었으므로 더는 그것들을 추구하지 않게 된다. 또한 가진 것이 많기 때문에 현재 상태를 깨뜨리는 어떠한 변혁도 원하지 않게 된다. 〝 〈제22장〉

한마디로 "네가 나에게 좋은 일을 해주는 한 나는 너에게 잘 해준다"이다. 요즈음 최고경영자의 과다한 보수가 문제가 되고 있는 걸 보면 측근들이 더 원하지 않을 만큼 부와 명예를 주어야 한다는 대목은 조금 수정되어야 할 것이다. 하지만 고위직 임원들에 대한 충분한 보상을 통해 그들의 절대적인 헌신과 충성을 확보해야 한다는 마키아벨리의 생각은 오늘날에도 여전히 유효하다.

마키아벨리는 지도자의 행동방식에 대해서 우리의 상식과는 전혀 다른 말을 하고 있다. 많은 지도자들은 적을 만들지 않고 누구에게나 사랑받기를 원한다. 하지만 그러한 처신은 오히려 부정적인 결과를 가져온다는 것이다.

〝자신이 어느 한쪽의 진정한 친구 또는 적임을 명확히 하면,

즉 후환을 두려워하지 않고 어느 한쪽 편을 확실히 들어주면 군주는 존경받는다. 이러한 단호함은 중립을 지키는 것보다 늘 더 나은 결과를 가져오게 마련이다.

강력한 두 이웃 나라가 싸우게 되면, 당신이 부딪히게 되는 상황은 둘 중 한 가지다. 이긴 나라를 두려워하게 되거나 그럴 필요가 없게 되거나. 여기서 중요한 것은 어느 경우든 당신은 의사표시를 확실히 하고 명예롭게 전쟁에 참여하는 편이 낫다는 점이다. 만약 당신이 중립을 지키면 당신은 늘 승자의 전리품이 되고, 패자는 그것을 고소해할 것이다. 그리고 당신을 구해줄 나라도, 당신에게 피난처를 제공해줄 나라도 없을 것이다. 승자는 어려울 때 도와주지 않는 의심스러운 친구를 원하지 않기 때문이다. 또한 패자도 당신이 무기를 들고 자기와 운명을 같이하려 하지 않았기 때문에 당신에게 망명을 허용하지 않는다. " 〈제21장〉

다른 사람과 부딪히지 말고 비난받을 빌미를 주지 말라는 것이 처세에 관한 우리의 통념인데, 마키아벨리는 정반대의 이야기를 하고 있다.

그러면 과연 이러한 행동방식이 더 나은 결과를 가져올까?

정치의 세계를 한번 생각해보자. 사람들은 자신의 철학을 뚜렷이 표명하지 않고 누구에게나 잘 보이려고 하는 정치가를 신뢰하지 않는다. 역사상으로도 이렇게 행동한 정치가들은 좌절을 맛

봤다. 2004년 미국 대통령 선거에 민주당 후보로 나왔던 존 케리가 좋은 예이다. 케리는 의회에서 미국의 이라크 파병에 찬성표를 던졌다. 그런 그가 선거운동 기간에 이라크 전쟁에 대한 비판을 했으니, 국민들에게는 그의 비판이 아무런 효과가 없었다. 야당 후보를 믿을 수 없었던 미국의 유권자들은 정권을 바꿀 필요성을 느끼지 못했다.

군주는 상황에 따라 폭력적으로 대처해야 할 때도 있지~

힘든 상황에서도 자신의 입장을 분명히 하고 그것을 방어하는 것, 이것이 우리가 흔히 말하는 '카리스마'이다. 사실 이러한 원리는 제품과 상표의 세계에서도 마찬가지다. 즉 어떤 제품과 상표이든지 포지셔닝을 뚜렷이 하고, 돈이 될 것 같다고 해도 다른 포지셔닝에 쉽게 눈을 돌리지 않아야만 그것의 장점과 강점이 설득력 있게 전달된다.

예를 들어, 우리나라의 Mnet은 음악을 전문으로 하는 케이블 TV채널이다. 이 회사는 여러 가지 어려움에도 불구하고 10여 년 동안 음악전문채널이라는 포지셔닝을 굳건히 지켰다. 그 결과 지금은 가수들과 시청자들 사이에서 그 권위를 톡톡히 인정받고 있다. 반면에 영화전문채널이었던 OCN은 언제부터인가 이미 방영되었던 TV프로그램을 다시 내보내기 시작하면서 포지셔닝이 크게 흐려졌다. 이로써 인기가 확연히 떨어졌다.

지금까지 살펴본 바와 같이 마키아벨리가 권하는 지도자의 처신은 다음과 같다.

시사점 5 : 지도자의 바람직한 처신은 자신의 생각을 확실히 하고 대결을 두려워하지 않는 것이다.

군주는 궁극적으로는 혼자서 많은 중요한 결정을 내려야 한다. 따라서 훌륭한 의사결정을 하는 것은 그에게 초미의 관심사이다. 마키아벨리에 따르면 좋은 정보는 좋은 결정의 기본 전제 조건이다. 만일 좋은 정보에 좋은 아이디어까지 더해진다면 최적의 의사결정이 내려질 가능성은 매우 높아진다. 좋은 아이디어는 그 성격상 제삼자가 제공할 수도 있다. 그래서 군주는 고문 또는 보좌관을 필요로 한다.

> 66 그러므로 현명한 군주는 지혜로운 사람들을 초빙하고 그들에게만 진실을 말할 수 있는 자유를 주되, 그가 묻는 말에만 대답하게 하는 제3의 길을 택할 것이다. 그러나 군주는 그들에게 열심히 묻고 그들의 의견을 경청한 다음, 스스로 최종의사결정을 내려야 한다. 군주는 또한 이러한 고문들에게 그들이 솔직하게 이야기할수록 더 환영받는다는 것을 확실히 해야 한다. 99 〈제23장〉

시사점 6 : 고문 또는 보좌관의 활용
- 중요한 의사 결정을 하기 위한 준비단계에서 전문가들을 고문으로 투입하라.
- 고문들에게 최대한의 자유를 주되, 어떤 내용을 원한다는 힌트를 미리 주지 말아라. 오로지 진실만을 이야기해달라고 부탁하라.

오늘날 기업들이 현안들을 해결하고 개선하기 위해 외부에서 컨설팅을 받는 일이 비일비재하다. 그런데 일부 경영자들은 회사의 현재상태를 있는 그대로 이야기하면 화를 내거나 싫어한다고 한다. 외부 컨설팅의 목적은 다양하지만, 제삼자의 눈으로, 객관적으로 회사의 상황을 알기 위한 것도 포함된다. 결국 외부 컨설팅 회사를 활용할 때 취해야 하는 태도는 바로 진실된 이야기를 경청하는 자세이다.

## 02
# 시장에서의 싸움

마키아벨리가 한창 활동했던 1,500년을 전후한 시기에 이태리는 많은 조그만 나라들로 나누어져 있었고, 점차 강성해지는 프랑스와 스페인은 약소국의 집합인 이탈리아 반도를 넘보고 있었다. 이런 시대를 살았던 마키아벨리는 나라들 사이의 '경쟁'을 많이 목격할 수 있었다. 그래서 그의 경쟁에 관한 예리한 통찰은 오늘날에도 빛을 잃지 않고 있다. 기업들 사이의 경쟁이 그 어느 때보다도 치열한 요즈음, 경쟁 및 경쟁자에 관한 그의 생각을 음미해보는 것은 적지 않은 의미가 있다.

66 법률과 생활관습이 다른 나라를 다스리는 군주는 자신을 약한 이웃 나라들의 우두머리이자 수호자로 만들어야 한다. 또한 그

는 이들 가운데 가장 강한 나라를 약화시켜야 하고, 어떤 이유에서
건 자신만큼 강한 외국 군주가 그 나라를 침범하는 일이 없도록 해
야 한다. 왜냐하면 공명심이나 두려움 때문에 불만을 품고 있는 사
람들은 늘 그러한 외국 군주를 자기 나라에 끌어들이려고 하기 때
문이다. **,,** 〈제3장〉

이 글에서 알 수 있듯이 경쟁에 대한 마키아벨리의 기본 생각
은 경쟁자들을 차별적으로 대하라는 것이다. 그는 먼저 약한 경
쟁자들을 보호하라고 말한다. 또한 모든 수단을 동원하여 비슷하
게 강한 경쟁자가 '어떤 이유에서건 그 나라를 침범하는 것'을 막
으라고 권한다. 마이클 포터 하버드 경영대학원 교수는 이러한
전략을 "진입장벽 높이기"라고 표현한 바 있다. 이는 협조적으로
행동하는 기존 경쟁사들을 이용하여 새로운 경쟁사의 시장 진입
을 막을 수 있다는 뜻이다.

한편 마키아벨리가 오늘날 살아 있다면 독점 또는 독점에 가
까운 기업연합cartel을 배격했을 것이다. 그는 권력의 독점이 나라
의 발전을 저해한다고 믿었기 때문이다. 그러나 다음의 글을 보
면 한편으로는 권력을 독점하고 있는 사람들을 속으로 부러워한
모양이다.

**,,** 이제 우리가 해야 할 남은 이야기는 신권神權정치뿐이다. 신

정神政체제의 경우, 모든 어려움은 정권을 잡기 전까지만 있다. 이러한 정권의 담당자는 개인적인 공덕이나 운으로 권좌에 오르게 되는데, 일단 힘을 얻으면 그러한 것에 구애받지 않고 권력을 행사할 수 있다. 왜냐하면 신정체제는 옛날부터 내려온 그리고 종교에 뿌리를 둔 제도에 의해 뒷받침되기 때문이다. 이러한 제도는 아주 강력할 뿐만 아니라 권좌에 있는 사람이 어떻게 행동하건 또 어떻게 생활하건 그의 권력을 유지시키는 속성이 있다. 이러한 군주들은 나라를 갖고 있지만 그것을 지키지 아니하며, 백성이 있지만 백성들을 다스리지 않는다. 그러한 군주들의 나라는 무방비 상태이지만 그들은 나라를 뺏기지 않는다. 백성들도 나라에서 그들을 다스리지 않는다는 사실에 대해 전혀 상관하지 않는다. 그런 백성들은 자기 나라를 벗어날 생각도 없고 그렇게 할 수도 없기 때문이다. 따라서 오로지 지배자들만 안전하고 행복하다. 그러나 그러한 군주들은 인간의 이해력이 미치지 못하는 저 높은 무언가에 의해서 조종당하고 있으므로, 나는 그들에 대해 그만 이야기하고자 한다. 그런 군주들은 신이 뽑아 올렸고, 신의 보호를 받고 있으므로 그들에 대해 왈가왈부하는 것은 주제넘고 경솔한 일이다. 〈제11장〉

이 글을 기업경영에 적용해보자. 우선 여기서 나오는 용어들을 이렇게 바꿀 수 있다.

나라 → 시장

백성 → 고객

다스리다 → (고객을) 얻으려고 노력하다

신정체제 → 독점

종교 → 법률

군주 → 최고경영자


그러나 독점이 영원히 지속될 수는 없다. 독점의 결정적인 단점은 유연성이 없다는 것, 즉 거의 변하지 않는다는 점이다. 따라서 오늘날처럼 시장상황과 고객의 욕구가 빨리 변하는 시대에서는, 변하지 않는 독점기업의 제품에 대한 수요가 사라지거나 고객의 욕구를 더 잘 만족시키는 제품이 나옴으로써 독점이 깨지는 것은 시간문제다. 예를 들어, 우리나라의 고급두부 시장은 풀무원이 독점하고 있었다. 그런데 최근 들어 이른바 참살이(웰빙)에 대한 소비자들의 관심이 높아지면서, CJ와 두산식품이 잇달아 새로운 두부제품을 내놓고 경쟁을 하기 시작했다. 이로써 오랫동안 지속되던 풀무원의 독점이 깨졌다.

시사점 7 : 대결보다는 협력
 – 경쟁사들을 차별적으로 대하라. 가능하면 강력한 경쟁사의 시장 진입을 막고, 같은 시장 안에 있는 약한 경쟁사들과는

협력 관계를 유지하라.
- 현재 당신의 회사가 독점의 지위를 누리고 있다면, 안이한 분위기가 퍼지지 않도록 수시로 긴장감을 불어넣고 회사를 변화에 민감한 조직으로 만들어라.

시장이 현재 안정되어 있다 하더라도 균형이 깨질 가능성은 언제나 있다. 어느 한 회사가 욕심 때문에 시장의 안정을 해치는 행동을 해도 균형이 깨지며, 새로 진입한 회사가 적대적으로 나와도 업계 전체의 수익성이 급격하게 떨어진다. 따라서 회사는 아무리 어려운 시절이 와도 상당 기간 어려움을 견딜 수 있는 생존능력을 갖춰야 한다. 생존을 담보할 수 있는 안전쿠션이 필요하다. 마키아벨리도 안전쿠션의 중요성을 역설했다.

> 66 우리의(=이탈리아의) 군주들은 오랫동안 군림하고 나서는 지배권을 잃었다. 그들은 스스로의 운명을 탓하기보다는 자신들의 나약함을 한탄해야 한다. 왜냐하면 평온한 시절에 그들은 상황이 바뀔 수 있다는 것을 생각하지 않았고 (대부분의 사람들은 바다가 조용할 때 폭풍우를 생각하지 않는 오류를 흔히 범한다) 혹독한 시련이 닥쳤을 때 나라를 지키기보다는 도망갈 생각만 했다. 그들은 또한 백성들이 외적의 침입에 분개하여 자신들을 다시 불러들일 것이라고 착각했다. 99                                            〈제24장〉

지금까지 우리는 주로 방어하는 입장에 처해 있는 군주에 대한 마키아벨리의 생각을 살펴보았다. 그러면 거꾸로 회사가 공격하는 입장에 있을 때는 어떻게 해야 할까?

      " 우리 시대에 볼 수 있는 이 두 가지 정부의 예는 터키와 프랑스 왕국이다. 터키는 한 사람의 군주가 나라 전체를 다스리고, 다른 모든 사람들은 그의 머슴에 지나지 않는다. 그는 전국을 여러 지구로 나누고, 각 지구에 지방장관을 파견한다. 그는 기분 내키는 대로 지방장관을 임명하고 해임할 수 있다. 반면에 프랑스 왕국의 왕은 많은 토착세력의 실력자들에 의해 둘러싸여 있으며, 이 지방 실력자들은 각자의 영토 안에서는 백성들의 인정을 받고 또 추앙받고 있다. 그들은 왕이 스스로 위험을 무릅쓰지 않고는 뺏을 수 없는 특권을 누리고 있다.

이 두 나라에 대해 가만히 생각해보면, 터키는 정복하기는 어렵지만 일단 정복하면 다스리기가 매우 쉽다는 것을 알 수 있다. 반면에 프랑스는 여러 가지 면에서 정복하기는 쉽지만, 다스리기가 매우 어려울 것이다. …(중략)… 그러나 프랑스처럼 통치되는 나라를 정복할 때는 정반대이다. 이런 나라는 지방의 실력자 하나를 우리 편으로 끌어들이기만 하면 쉽게 공격할 수 있다. 불만을 품고 있거나 개혁을 하고 싶어하는 세력들은 늘 있게 마련이고, 이들은 위에서 말한 이유로 정복의 길을 열어주고 승리를 얻는 데 도움을 줄 것이기 때문이다.

그러나 승리를 거둔 후 통치하려고 하면, 당신을 도와준 세력이나 당신이 억압한 세력 모두 당신에게 엄청난 어려움을 안겨줄 것이다. 이런 나라에서는 지배층을 제거하는 것만으로는 충분치 않다. 왜냐하면 새로운 체제의 우두머리가 되고 싶어하는 실력자들이 얼마든지 있기 때문이다. 당신은 이들을 만족시키거나 없앨 수 없기 때문에, 기회만 생기면 곧 그 나라를 잃게 된다. ,, 〈제4장〉

마키아벨리는 두 가지 형태의 지배체제를 구분하고 있는데, 이 아이디어를 기업의 세계에 적용하면 이렇다.

- 터키 : 권위주의적 경영, 권한의 중앙집중, 빠르고 통일된 행동
- 프랑스 : 참여주의적 경영, 분권화, 느리고 통일성 없는 행동

터키는 언뜻 보면 강한 듯하지만 실은 큰 약점을 갖고 있다. 공격하는 사람이 중앙의 권력자를 꺾기만 하면 이 나라는 쉽게 정복된다. 그리고 권력자가 결정을 잘못 내리거나 의사결정을 하지 않으면, 시스템 전체가 위험에 빠진다.

이와 비슷한 경우를 오로지 가격만이 구매의사 결정을 좌우

하는 시장에서 볼 수 있다. 이런 시장에서는 소비자들이 특정 회사나 상표에 대해 아무런 애정 또는 충성심이 없다. 시장을 지배하려는 회사는 그저 가장 싸게 팔기만 하면 된다. 반면에 이런 시장을 지켜야 하는 입장에 있는 회사는 더 싸게 부르는 경쟁사가 나타날까 봐 늘 마음을 졸인다.

여기서 문제되는 것은 원가우위cost leadership이다. 원가우위 회사cost leader만이 지속적으로 낮은 가격을 고수할 수 있기 때문이다. 결국 가격지향적인 시장에 들어가려고 하는 회사는 자사가 지속적으로 원가 면에서 우위를 유지할 수 있는가를 미리 철저히 점검해야 한다.

소비자들이 가격보다는 품질, 이미지, 서비스 등의 다른 요소들을 중시하는 시장은 더 들어가기 어렵다. 소비자들은 품질이나 다른 점에서 기존의 것보다 더 낫다는 확신이 있어야만 새로운 제품을 선택하게 된다. 하지만 기존의 구매습관은 오랜 경험의 산물이므로 좀처럼 바뀌지 않는다. 예를 들어 패션업계의 대명사 구찌Gucci나 루이비통Louis Vuitton 그리고 자동차 시장의 BMW나 포르쉐Porsche처럼 오랜 전통과 확고한 고급이미지가 있는 제품들은 후발업체가 웬만큼 공격해도 끄떡하지 않는다. 이렇게 품질이 중요하고 상표애호도가 높은 시장에 들어가려고 하는 회사는 세 가지 질문을 스스로에게 던질 필요가 있다.

– 우리가 품질 면에서 우위에 있는가?

– 품질 면에서의 우위를 유지하고 지킬 수 있는가?

– 상표력brand power과 이미지를 키울 만한 재무적인 여력은
  충분한가?

이 세 질문에 대한 대답이 모두 긍정일 때만 회사는 성공의
가능성을 기대할 수 있다.

시사점 8 : 시장진입

시장에는 크게 두 종류가 있다.

– 가격경쟁 위주의 시장
  이런 시장에서 이기는 길은 경쟁사보다 더 나은 원가구조를
  유지하는 것뿐이다.

– 품질경쟁 위주의 시장
  이런 시장에서는 지속적인 연구개발 투자를 통해 높은 수준
  의 품질을 유지하고, 그것을 설득력 있게 잘 알리는 등의 활
  동을 통해 경쟁사가 흉내낼 수 없는 차별적 경쟁우위를 확
  보하고 지켜야 한다.

다른 모든 것과 마찬가지로 시장도 끊임없이 변하고 있다. 그
래서 경영자는 늘 시장의 동향을 정확히 관찰하고, 상황에 맞도

록 전략을 끊임없이 다듬어야 한다.

우연히 〈왓 위민 원트〉라는 영화를 본 적이 있다. 남자 주인공 닉 마샬(멜 깁슨)은 여자들의 공공의 적이었다. 하는 말이나 행동 하나하나가 여자를 무시하고 장신구에 지나지 않는 존재로 치부했다. 그러나 여자가 되어보기로 결심한 후 그는 비로소 여자가 원하는 것이 무엇인지 알게 된다. 고객의 마음도 마찬가지다. 그냥 막연하게 그들을 이해한다고 되는 것이 아니라, 고객의 입장에 서야만 해결책이 보인다.

끝으로 시장조사의 중요성을 강조하는 마키아벨리의 말로 이 장을 끝내려고 한다.

> 66 군주는 수시로 사냥하러 나감으로써 몸을 단련하고, 나라의 지형을 익혀야 한다. 즉 전국의 산, 골짜기, 평야, 강, 늪의 형세, 특성 등을 자세히 연구하고 숙지해야 한다. 그리고 이러한 일을 최대한 신중하게 해야 한다. 이렇게 해서 얻은 지식은 크게 두 가지 효용이 있다. 하나는 국토를 잘 알게 됨으로써 그것을 지키는 방도를 더 잘 세울 수 있다. 더 나아가서 자국 영토에 대한 실용적인 지식 덕분에 다른 나라의 지형을 더 잘 이해할 수 있다. 99 〈제14장〉

다른 사람들이 알고 있는 것을 자기에게 말해주기를 바라는 사람은, 자신이 알고 있는 것을 그들에게 얘기해야 한다. 정보를 얻기 위한 가장 좋은 수단은 정보를 주는 것이다.

훌륭한 도움말은 그것이 누구로부터 오건 간에 대체로 (그것을 얻고자 하는) 군주의 명민함에서 비롯되는 것이지, 군주가 좋은 도움말을 들어서 똑똑해지는 것은 아니다.

중요한 전과戰果를 올리거나, 스스로의 행동으로 보기 드문 귀감을 보여주는 것만큼 군주에게 훌륭한 명성을 가져다주는 것은 없다.

# 5

## 현장중시 전략가

# 클라우제비츠

한순간도 싸움터에서
눈을 돌리면 안 된다

carl von Clausewitz

•

•

**18**32년에 출간된 프러시아 장교 칼 폰 클라우제비츠(1780~1831)의 《전쟁론》은 오늘날에도 그 빛을 전혀 잃지 않고 있는 군사학 내지는 전략론의 명저이다. 이 책은 군사전문가들뿐만 아니라 비스마르크, 마르크스, 레닌, 마오쩌둥, 레이몽 아롱 등의 정치가, 혁명가, 사상가들에게 크나큰 영향을 미쳤으며, 독일 통일의 영웅인 몰트케 장군은 호머, 성서와 더불어 '전쟁론'이 자신의 생각의 틀을 형성했다고 말한 바 있다.

그러나 경영전략의 원조라고도 불릴 만한 클라우제비츠를 정작 경영학자들은 진지하게 다루지 않은 듯하다. 최근에 잉그마르 브룬켄이라는 독일의 컨설턴트가 "6명의 전략 대가"라는 책에서 그의 전략 사상을 현대의 경영과 접목시키는 작업을 시도하였다. 나는 그의 책과 클라우제비츠의 《전쟁론》을 번갈아 참고하면서 오늘날의 경영학자와 경영자들이 무엇을 배울 수 있는가를 살펴보고자 하였다.

특히 전략의 기본원리를 다시 익히고 현장중시 경영을 정착시키고자 하는 경영자들에게 전략을 제대로 세우려면 늘 싸움의 현장 가까이에 있어야 한다는 클라우제비츠의 주장은 중요한 힌트를 주고 있다. 바로 시장과 가까워야 한다는 말이기 때문이다.

회사의 경영진은 고객들을 잘 알아야 하고 그러려면 그들과 접촉해야 한다. 그래야만 현실에 맞으면서도 차원 높은 전략을 세우는 데 꼭 필요한 뛰어난 현장 감각을 갖출 수 있다.

# 01 전략과 기획

전략 및 기획에 관한 클라우제비츠Carl von Clausewitz의 사상을 논의하기 전에 먼저 '전략'에 대한 그의 정의를 살펴보자.

> ❝전략이란 전쟁의 목적을 달성하기 위해 전투를 활용하는 것이다. 따라서 전략은 전체 전쟁행위에 대해 그 전쟁의 목적에 맞는 목표를 설정해야 한다. 즉 전략은 전쟁계획을 짜고, 이 목표의 달성으로 이어질 수 있는 일련의 행위를 그것(=목표)과 연결시킨다."
> "전략은 언제, 어디서, 어떤 병력으로 싸울 것인가를 정한다. 따라서 전략은 이 세 가지 사항에 대한 결정을 통해 싸움의 결말에 크나큰 영향을 미친다.❞
> 〈제3권〉

이러한 말들은 오늘날 경영학에서 이야기하는 내용과도 매우 비슷하다. 클라우제비츠는 전략이 세 가지 차원으로 이루어져 있다고 했다. 즉 전략은 언제, 어디서, 무엇으로 목표에 도달할 것인가를 명시한다. 놀랍게도 클라우제비츠는 '어떻게'를 빠뜨리고 있다. 이것은 아마도 클라우제비츠가 《전쟁론》을 완성하지 못하고 세상을 떠났기 때문일 것이다. 어쨌든 목표에 '어떻게' 도달할 것인가는 전략의 필수불가결한 요소이다.

시사점 1 : 전략의 네 요소
전략은 목표를 달성하기 위한 계획이며,
· 언제   · 어디서   · 무엇으로   · 어떻게
목표에 도달할 것인가를 명시한다.

클라우제비츠는 또한 우발적인 요소와 불완전한 정보에 대처하기 위해 끊임없이 계획과 그 실행결과 그리고 원래의 전략대로 일이 진행되고 있는가 또는 그것에서 벗어나고 있는가 등을 관찰해야 한다고 역설했다.

　　전략이라고 할지라도 일이 터지고 나서, 날마다 수시로 들어오는 정보를 접하고 나서 그리고 실제로 전투에서 성공을 거두고 난 다음에야 지시가 내려지는 경우가 많다. 따라서 불확실의 정도

에 따라 나중에 쓸 수 있는 예비병력을 확보하는 것은 전략적 지휘의 필수조건이다. 〟 〈제3권〉

즉, 클라우제비츠는 목표달성의 확률을 높이기 위해 불확실성에 대비한 안전 쿠션을 마련하라고 권장하고 있다.

시사점 2 : 예비자원의 마련
- 경영자는 모든 일이 계획대로 잘 풀리기를 기대하며 전략계획을 세운다. 한편 경영자는 최악의 사태에 대비하여 모든 부문에 걸쳐 자금, 시간 등의 예비자원을 미리 마련하는 방향으로 계획을 세우는 것이 좋다.
- 경영자는 자신이 가지고 있는 정보가 불충분 또는 불완전하고, 예기치 않았던 걸림돌이 나타날 수 있다는 사실을 염두에 둘 필요가 있다.

클라우제비츠는 이른바 '전략의 포괄성'에 주목하고 있다. 흔히 전략은 (단기적이 아닌) 장기적이고, (지엽말단이 아닌) 큰 그림이고, (분권적이 아닌) 집권적이라고 한다. 이것은 틀린 말이다. 전략은 매우 포괄적이다. 클라우제비츠는 하지만 《전쟁론》에서 바로 이러한 전략의 포괄성을 다음과 같이 아주 적절하게 표현하고 있다.

“ 전략은 함께 싸움터에 뛰어들어 현장에서 구체적인 내용을 지시하고 수시로 전체계획을 수정해야 한다. 싸움터에서는 계획을 바꿔야 하는 상황이 끊임없이 일어나기 때문이다. 따라서 전략은 한순간도 현장에서 눈을 돌리면 안 된다. ”    〈제3권〉

클라우제비츠가 '방어'를 다루고 있는 《전쟁론》의 제6권 제3장에서 언급한 전략의 핵심적인 성공요인은 아래의 여섯 가지이다.

- 지형의 유리함
- 뜻밖의 엄습 : 이것은 흔히 말하는 기습공격일 수도 있고, 큰 병력을 적이 눈치 채지 못하게 어느 지점에 배치하는 것일 수도 있다.
- 여러 방향에서의 기습
- 싸움터(현장)에 있는 모든 것을 활용
- 백성의 협조
- 위대한 도덕적 힘의 활용

클라우제비츠가 군사학에서 정립한 이 성공요인을 기업경영에 응용하여 현대 경영학용어로 정리해보면 다음과 같다.

- 높은 수준의 핵심역량 및 시장의 이해

- 적절한 시점의 포착

- 경쟁현장의 통제

- 충분한 재무자원

- 풍부한 시장수요

- 높은 사기


먼저 첫째 요인부터 생각해보자. '지형의 유리함'이라 함은 전투의 당사자가 잘 아는 지역에서, 즉 경쟁의 주체가 핵심역량을 갖고 있는 분야에서 싸움이 일어날 때, 전략의 성공확률이 높다는 것을 뜻한다. 이 경우 당사자가 지형의 유리함을 이용할 수 있으려면 싸움의 현장 가까이에 있어야 한다. 실제로 싸움에 참여해야 한다는 뜻이다. 이 말은 시장과 가까워야 한다, 현장 감각이 있어야 한다는 말로 풀이할 수 있다.

현장 중시는 오늘날 기업경영의 중요한 화두 중 하나이다. 대부분의 회사에서 영업·마케팅 부서의 임직원들은 고객들을 방문하고 그들의 이야기를 듣는다. 그러나 정작 전략기획의 책임을 맡고 있는 회사의 고위경영진은 고객과 만날 기회가 거의 없다. 클라우제비츠에 따르면 이러한 상태는 결코 바람직하지 않다. 앞에서 전략의 포괄성을 이야기할 때 인용한 대목을 좀더 구체적으로 살펴보자.

  66 (전략과 작전계획의) 이러한 모든 것이 대부분 반드시 맞다고
는 볼 수 없는 여러 가지 전제조건에서만 정해질 수 있다. 그리고
좀더 세부적인 사항들은 전혀 미리 정할 수가 없다. 따라서 전략은
함께 싸움터에 뛰어들어 현장에서 구체적인 내용을 지시하고, 수
시로 전체계획을 수정해야 한다는 결론이 자연스럽게 나온다. 싸
움터에서는 계획을 바꿔야 하는 상황이 끊임없이 일어나게 마련이
다. 그러므로 전략은 한순간도 현장에서 눈을 돌리면 안 된다. 전략
을 군대가 아닌 내각에서 세우는 과거의 관행은, 사람들이 이렇게
전체와 관련된 것을 반드시 그렇게 중요하게 보지는 않았다는 증
거이다. 이러한 관행을 허용할 수 있는 경우는 내각이 군대와 아주
가까이 있어서 그것을 사실상 군대의 최고사령부로 볼 수 있을 때
뿐이다. 99 〈제3권〉

이 말을 기업경영에 응용해보면, 회사의 경영진은 고객들을
잘 알아야 하고 그러기 위해서는 최소한 그들과 가끔은 접촉해야
한다. 그래야만 현실에 맞으면서도 차원 높은 전략을 세우는 데
꼭 필요한 뛰어난 현장감각을 갖출 수 있다.

어떤 사장은 일주일에 한 시간씩 불만을 호소한 7명의 고객
에게 직접 전화를 한다고 한다. 또 어떤 대기업에는 아주 특이한
이사회 의장이 있다고 한다. 그는 영업부 사람들에게 미리 이야
기하지 않고, 한 달에 한 번 이틀 동안 주요 고객들을 방문하곤

했다. 최고경영자인 그는 시장에 뛰어들어 생생한 정보를 얻고, 고객이 가려워하는 데가 어딘지 스스로 확인한다. 그러나 대부분의 최고경영자들은 고객의 문제에 직접 접근하기를 꺼린다. 그리고 아랫사람들은 윗사람의 그러한 태도를 오히려 다행으로 여긴다.

시사점 3 : 정기적인 고객과의 접촉
- 회사에 고객들과 만나는 부서가 있다고 할지라도 당신 스스로 정기적으로 고객들과 접촉하라.
- 특히 회사의 고위경영진은 고객들과 정기적으로 만나 객관적인 정보를 수집하라.

기업은 고객과의 접촉을 통해 고객이 무엇을 원하는지 언제 원하는지, 경쟁사가 언제 그것을 간과하고 있는지 등에 대한 감을 잡을 수 있다. 때로는 전혀 예상치 않았던 시점이 가장 적절한 시점인 경우가 종종 있다. 경쟁사의 허를 찌르기 때문이다. 결국 가장 적당한 시점을 포착할 때의 관건은, 평상시에 늘 시장과 고객들의 동태에 귀를 기울이고 경쟁사들의 움직임을 철저히 파악하는 것이다.

시사점 4 : 적절한 시점의 포착

– 가장 적당한 시점을 포착하는 것은 무척 어렵다. 이 문제를 해결하는 궁극적인 열쇠는 철저한 고객지향정신과 경쟁사들에 관한 정보이다.

적절한 시점을 포착하여 적을 기습할 것을 권장하는 클라우제비츠는 작은 행동이 큰 것보다 더 예측하기 어렵다고 말했다. 즉 큰 행동으로 상대방을 급습하기는 쉽지 않다고 생각했다.

> 적이 전투에 투입하기 위해 부대를 어디로 이동시키는지는 보기만 해도 알 수 있다. 적이 어디서 강을 건널 것인지는 그들이 준비작업을 하는 것을 보고 알 수 있는데, 그들이 그런 일을 하고 있다는 것은 강을 건너기 직전에 알려진다. 또 적이 어느 쪽에서 우리나라를 공격할 것인가는 통상 첫 총성이 들리기도 전에 모든 신문이 대대적으로 보도한다. 이와 같이 취하려는 행동이 크면 클수록 적이 눈치 채지 못하게 할 수 있는 가능성은 낮아진다.

클라우제비츠가 세 번째로 꼽는 성공요인은 "여러 방향에서의 기습"이다. 그가 말하는 '싸움터'를 '통제해야 하는 경쟁의 현장'으로 해석하고, 이 요인의 경영학적 시사점을 생각해보자. 마이클 포터는 그의 명저 《경쟁전략》과 《경쟁우위》에서 한 산업에서 경쟁의 강도를 결정하는 다섯 가지 요소를 제시한 바 있다.

168

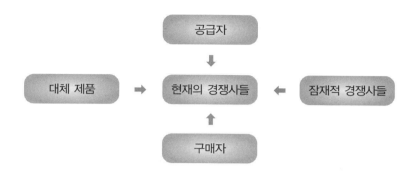

경쟁의 강도를 결정하는 5요소

그에 따르면 이 다섯 가지 요소가 모두 통제되어야만 시장에서의 성공이 오래 지속될 수 있다.

시사점 5 : 경쟁현장의 통제

1. 공급자: 복수의 공급자들과 거래하라. 그리하여 어느 한 특정업체에 대한 의존도를 줄이고, 공급자들끼리 서로 경쟁하도록 만들어라.

2. 현재의 경쟁사들: 앞에서 언급한 '최저가격 보장전략' 같은 세련된 정책을 써서 경쟁사들의 행동을 예측가능하게 만들고, 그들이 파괴적으로 행동하지 못하게 하라. 물론 당신의 회사가 현재 시장을 독점하고 있거나 인수·합병으로 독점을 하게 될 상황이라면 굳이 그럴 필요가 없다.

3. 구매자: 당신 회사의 제품에 대한 수요가 늘 충분하도록 하라. 이렇게 하기 위한 관건은 당연히 고객의 욕구를 충족시키는 차별화된 제품을 끊임없이 내놓는 것이다.

4. 대체제품: 당신의 제품을 대체할 수 있는 제품이 시장에 없도록 하라. 설사 있다 하더라도 그것이 당신 제품보다 비싸야 한다. 만일 당신의 제품보다 더 좋거나 더 싼 대체품이 나오면, 당신은 즉각 더 나은 대안을 제시해야 한다.

5. 잠재적 경쟁사들: 상표인지도를 높이는 등의 여러 가지 전략적 수단을 동원하여 새로운 경쟁사가 시장에 들어오지 못하게 하라. 만일 잠재적인 경쟁사가 "우리가 새 시장에 들어가면 값이 떨어지고 따라서 수익전망이 좋지 않을 것이다"라고 판단하면, 그 회사는 시장 진입을 포기할 것이다.

네 번째 성공요인인 '충분한 재무자원'은 간단하다. 클라우제비츠도 이에 대해서는 간략히 언급했다.

**❝ 군대와 함께 최대한 강력하게 싸움터로 돌진한다. ❞**

지난 2000년 4월 당시 외형 110억 마르크였던 영국의 이동통신회사 보다폰Vodafone은 오랜 역사와 400억 마르크의 외형을 자랑하는 독일의 만네스만Mannesmann을 인수한 바 있다. 이것은 만네스만 같은 막강한 회사라고 할지라도 상대방이 총력을 다해 공략하면 강제로 인수될 수 있다는 것을 보여주는 사례이다. 이러한 상황에서는 대체로 방어하는 쪽이 유리하지만, 이 경우에는 보다폰이 우호세력을 끌어들이는 등의 방법으로 공격을 성공으로 이끌었다. 보다폰은 가입자 수를 획기적으로 늘린다는 전략적 목적으로 이 인수작전을 전개했는데, 이 작전이 성공하여 유럽 최대의 이동통신회사가 되었다. 보다폰은 지금도 막강한 시장지위를 유지하고 있다.

시사점 6 : 충분한 자원
- 당신의 재력이나 시간·지식 등의 기타 자원이 전략을 실행에 옮길 수 있을 만큼 충분한가 검토하라.
- 만약 그렇지 않다면 필요한 자원을 확보하기 위한 방안을 강구하라. 그러한 방안이 없으면 전략 자체를 바꿔라.

다섯 번째 요인인 '풍부한 시장수요'에 대해서는 시사점 5의 셋째 항목인 구매자에서 언급했다. 이제 마지막 핵심성공요인인 '높은 사기'에 대해 이야기해보자. 클라우제비츠는 높은 사기를 최초로 열광, 의지력 등의 개념으로 부각시켰으며, 전쟁할 때 이것을 아주 중시했다.

"전쟁에 대비하여 무장한 일반 국민들의 다음과 같은 소박한 특성들이 바로 군인의 덕목, 즉 고매한 군인정신의 역할을 한다. 용맹, 노련함, 단련, 열광."

"우리가 적을 제압하고자 하면, 우리의 저항력이 어느 정도인지를 헤아려야 한다. 이것은 서로 떼려야 뗄 수 없는 두 요소를 곱한 것으로 표현할 수 있다. 그 요소들은 현재 있는 자원의 크기와 의지력의 강도이다."

〈제1권〉

사기를 논의할 때 우리는 두 가지 질문을 던져야 한다.

첫째, 우리의 사기가 성공할 때까지 버틸 수 있을 만큼 충분히 높은가?

둘째, 적의 사기가 우리가 이겨낼 수 있을 만큼 충분히 낮은가?

따라서 우리의 사기와 자원, 적의 사기와 자원이 어느 정도인가를 알면 우리가 이길 확률을 대충 짐작할 수 있다.

시사점 7 : 성공확률
＝(우리의 자원×우리의 사기) － (적의 자원×적의 사기)

클라우제비츠는 더 나아가서 성공하기 위해 필요한 요소들을 "도덕적 주요능력"이라고 제목을 붙인 제3권 제4장에서 다음과 같이 요약했다.

> 66 도덕적 주요능력은 최고지휘관의 재능, 군인들의 군인정신
> 그리고 군대의 민족정신이다. 99 〈제3권〉

이 문장을 전략의 실천과 연관지어 풀어쓰면 다음과 같다.

- 최고지휘관의 재능 : 최고경영자는 과감하게 전략을 실행
  에 옮겨야 한다.
- 군인들의 군인정신 : 직원들은 전략을 실천할 수 있어야
  한다.
- 군대의 민족정신 : 직원들은 전략의 실천을 열망해야 한다.

여기서 먼저 주목할 것은 최고경영자가 첫발을 내딛는 것이
모든 전략실천의 핵심이라는 점이다. 직원들의 능력·지식·사
기 등을 아무리 개선하더라도 세 요소 중에 첫 번째 것이 빠지면
나머지는 의미를 잃는다.

> 66 조금 이상하게 들릴지 모르지만, 전쟁의 이러한 면을 아는 사
> 람들이라면 누구나 전략적인 중요한 결단을 내릴 때는 전술적인
> 결정을 할 때보다 훨씬 더 강한 의지가 필요하다는 것을 잘 알고 있

다. 전술에서는 순간순간 일어나는 일이 결정적인 변수이고, 행위의 당사자는 마치 저항하면 최악의 결과가 생기는 소용돌이에 빠진 것 같은 느낌을 갖는다. 그는 솟아오르는 의구심을 억누르고 대담하게 더 앞으로 나아간다. 반면 전략에서는 모든 것이 훨씬 더 천천히 진행되고, 각종 의구심, 이의, 항의, 때 아닌 후회 등이 있을 여지가 훨씬 많다. 또 전술에서는 일이 어떻게 돌아가는가를 적어도 절반은 두 눈으로 확인할 수 있지만, 전략에서는 모든 것을 추측하고 추정해야 하므로 확신의 힘이 약하게 마련이다. 그 결과 대부분의 장군들이 행동해야 할 때 잘못된 의구심에 빠져 옴짝달싹 안 한다." 〈제3권〉

클라우제비츠는 망설이는 비관주의자보다는 희망과 확신을 주는 지도자가 전략에서는 필요하다고 생각했다. 그러한 지도자는 어떠한 특성을 갖춰야 할까?

"그러나 이 길을 흔들림 없이 가고, 계획을 제대로 시행하고, 수많은 자질구레한 일로 수시로 계획을 바꾸는 일이 없도록 하려면 강한 성품 외에도 아주 맑고 안정된 마음이 필요하다. 세상에는 뛰어난 사람이 많다. 어떤 사람은 지적능력이 뛰어나고, 어떤 사람은 명민하고, 어떤 사람은 용감하며, 또 다른 사람은 의지가 강하다. 이러한 덕목을 모두 갖춰야만 평범한 지휘관이 아닌 위대한 최

174

고지휘관이 될 수 있다. 그러나 그러한 사람은 아마도 천 명 중에 한 명도 없을 것이다."〈제3권〉

시사점 8 : 훌륭한 경영자의 네 가지 덕목
- 지적능력 : 지식, 교육
- 명민 : 분석력
- 용맹 : 대담함, 희망의 전파
- 의지력 : 동기부여, 참여의식 고취

결국 중요한 것은 계획이 아니라 실행을 통한 성과의 창출이다. 서양 속담에 이런 말이 있다.

"웅변은 은이요, 행동은 금이다."

경험에 비추어보면, 오늘날 기업에서 특히 필요한 것은 위의 세 번째 덕목, 즉 위험을 무릅쓰는 용기와 과감한 도전정신이다. 바로 이런 것이 평범한 회사를 훌륭한 회사로 만든다.

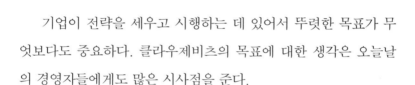

## 02 목표론

기업이 전략을 세우고 시행하는 데 있어서 뚜렷한 목표가 무엇보다도 중요하다. 클라우제비츠의 목표에 대한 생각은 오늘날의 경영자들에게도 많은 시사점을 준다.

    우리는 전쟁 및 전쟁 기간 중의 개별 전투를, 하나의 교전이 또 다른 교전을 유발하는 교전의 집합으로 이루어진 하나의 사슬로 볼 필요가 있다. 만일 그렇게 하지 않으면 우리는 특정지점을 점령하고 무방비 상태의 지역을 쟁취하는 것이 중요하다는 착각에 빠지게 된다. 그래서 우리는 전쟁의 과정에서 그러한 것들을 전리품으로 챙길 수 있다고 생각하게 된다. 또 우리는 이러한 일련의 행위를 전체의 맥락 속에서 바라보지 않기 때문에, 이렇게 해서 얻은

것들이 나중에 더 큰 족쇄가 되지 않을까 하는 걱정도 하지 않는다. **"** 〈제1권〉

목표를 설정하는 사람은 반드시 장기적인 결과를 고려해야 한다.

시사점 9 : 목표의 점검
- 모든 의사결정을 하거나 행동하는 데 있어서 그러한 결정이나 행동이 당신의 목표를 달성하는 데 도움이 되는가 반드시 스스로에게 물어라. 그리고 장기적으로 해가 되지 않는 행동만 하라.

클라우제비츠는 장기적인 결과를 생각하지 않는 것뿐만 아니라, 한 목표를 절대적인 종점으로 보는 것도 경계한다. 우리가 과정이라는 개념을 늘 염두에 둔다면, 하나의 목표는 다음의 목표를 향한 출발점이기도 하다. 즉, 클라우제비츠는 하나의 목적지는 종착역이 아닌 중간기착지이며, 그곳에서 또 다음 정거장으로 나아가야 한다고 말하고 있다.

시사점 10 : 길은 여러 목적지의 사슬로 이루어져 있다.
- 목표를 세우는 데 늘 과정의 관점에서 생각하라.

- 경영자는 늘 최소한 두 개의 목표를 고려해야 한다. 하나는 곧장 달성해야 하는 목표이고, 또 하나는 그후에 추구해야 하는 목표이다. 이렇게 하면 회사가 궁지에 빠지지 않고 계속 나아갈 수 있는 확률이 훨씬 더 커진다.

또한 클라우제비츠는 소유함으로써 있을 수 있는 악영향을 경계한다. *188 page

목표를 추구하는 과정에는 우리가 생각하지 못한 여러 가지 부작용이 일어날 수 있다.

시사점 11: 목표달성의 부작용
- 목표의 달성에는 부작용이 따르게 마련이다.
- 목표를 세울 때 그것의 달성이 어떠한 결과를 가져올지를 고려하라. 후속비용, 시간의 소비, 추가적인 위험 요인 등의 요소를 감안하라.
- 만일 이점보다는 불리한 점이 더 많다고 생각되면, 과감하게 목표를 바꿔야 한다.

클라우제비츠는 '우연'의 중요성과 '가능성'의 영향에 대해서도 언급했다. 목표의 달성에 지대한 영향을 미치는 이 두 요인에 관한 그의 생각은 오늘날의 카오스 이론chaos Thoery(혼돈 이론)과

178

깊은 관련이 있다.

> 전쟁은 그것의 객관적인 본질로 말미암아 일종의 확률게임이 될 수밖에 없다는 것을 우리는 여기서 알 수 있다. 단 하나의 요소만 더 있으면 그것이 (확률게임이 아닌) 진짜 게임이 되는데, 전쟁에는 그러한 요소가 늘 있다. 그것의 이름은 다름 아닌 바로 '우연'이다. 인간의 활동 가운데 전쟁만큼 우발적 사건과 끊임없이 그리고 광범위하게 부딪치는 것은 없다. 그러나 바로 이 우연이라는 요인 때문에 전쟁에서는 '운수'와 '요행'이 매우 중요한 위치를 차지한다. 〈제1권〉

클라우제비츠는 단지 우발적인 사건뿐만 아니라, 어떠한 일이 일어날 가능성 그 자체도 사태의 전개에 영향을 준다고 생각한다.

> 전투병력을 어느 한 지점에 배치하기만 해도, 그곳에서 전투가 벌어질 가능성이 생긴다. 그렇다고 해서 반드시 싸움이 일어나는 것은 아니다. 그러면 우리는 가능성을 '현실'로, 즉 실제로 존재하는 것으로 간주해야 할까? 그렇다. 가능성은 그것이 빚어내는 결과 때문에 현실이 되는 것이며, 이렇게 가능성이 결과에 미치는 영향은 (그것이 무엇이든지) 없을 수가 없다. 따라서 있을 수 있는 전

투는 그것이 원인이 되어 생기는 결과 때문에 실제 전투로 봐야
한다. 99                                              〈제3권〉

Vom Kriege

가능성 자체는 실제로 일어난 일이 아니다. 그러나 그것은 언젠가 실제 사건이 될 수 있는 개연성이다. 클라우제비츠는 바로 그러한 개연성이 사태의 진행에, 특히 어떠한 사건이 실제로 일어나지 못하게 하는 데에 어마어마한 영향을 미칠 수 있다는 것을 알아차렸다. 이러한 생각은 전혀 새로운 전략적 발상으로 이어질 수 있다. 90년대에 끝난 냉전을 예로 들어보자. 냉전시대에는 미·소 양국이 다 세계를 멸망시킬 수 있다는 가능성이 양쪽 모두 핵전쟁을 일으키지 못하게 하는 억지력으로 작용했다.

지금까지는 전략적 기획을 하는 데 있어서 이러한 '가능성'의 중요성이 과소평가되어 왔다. 가능성의 영향이 중시되는 영역에서는 실제로 그것이 상당한 영향력을 발휘하기도 한다. 앞에서 언급한 냉전시대의 정치 분야에서는 어느 한쪽이 먼저 공격하면 다른 한쪽이 즉각 반격할 것이라고 위협했고, 또 실제로 그렇게 할 가능성이 있었다. 이러한 핵전쟁 억지력 덕분에 세계대전이 일어나지 않았다.

아쉽게도 이 논리가 소규모 국지전의 경우에는 통하지 않았다. 경영 분야에서는 이른바 '최저가격 보장전략'을 예로 들 수 있다. 이 전략을 쓰는 회사는 경쟁사가 자사보다 더 싸게 팔면 그 값에 준해 팔 것을 보장한다. 경쟁사들의 관점에서 보면 이것은 자기들이 값을 내릴 때마다 그 회사도 값을 떨어뜨릴 가능성을 뜻한다. 이렇게 되면 판매를 늘리기 위해 값을 떨어뜨리는 전략은 의미를 잃는다. 따라서 가격전쟁도 일어나지 않는다. 즉, 가능성이 현실로 나타나지 않아도 그것이 실질적인 영향력을 행사하여 시장가격이 안정되는 것이다.

지금까지의 이야기는 다음과 같이 정리할 수 있다.

시사점 12 : 가능성은 현실이다. 따라서 우리는 그것을 현실로 취급해야 한다.

비슷한 힘을 가진 경쟁사가 협조적으로 행동하게 하려면, 상대방이 공격을 하면 당신이 즉각적으로 그리고 강력하게 반격할 것이라고 설득력 있게 전달하라. 당신의 반격은 경쟁사가 공격의 효과를 거두지 못하게 할 것이므로(앞서 말한 가능성을 떠올려보라), 경쟁사는 아예 처음부터 공세를 취하지 않을 것이다. 그러나 이러한 논리는 역학관계가 균형을 이루고 있지 않을 때는 적용되지 않는다. 즉, 당신의 회사가 너무 약해서 당신의 위협을 상대방이 심각하게 받아들이지 않는다면, 이런 '위협전략'이 먹혀 들어가지 않는다.

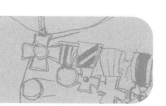

## 03
# 공격과 방어

클라우제비츠는 《전쟁론》의 여러 장 가운데 '방어'를 다룬 6권에 가장 많은 지면을 할애했다. 그만큼 그는 방어에 중요한 의미를 두었으며, 대체로 방어하는 쪽이 유리한 위치에 있다고 보았다.

       방어의 목적은 무엇인가? 보존하는 것이다. 보존은 획득보다 쉽다. 따라서 양쪽이 보유하고 있는 자원이 같거나 비슷하면, 방어는 공격보다 쉽다. …… 방어하는 형태의 전쟁수행은 본질적으로 공격하는 형태의 그것보다 강하다.       〈제6권〉

성공적으로 방어하려면, 상대방만큼만 좋으면 된다. 그러나 공격을 성공시키려면 상대방보다 더 나아야 한다. 그래서 방어는 공격보다 더 단순하다.

시사점 13 : 성공하고자 하는 회사는 먼저 현재의 위치를 지킬 수 있어야 한다.

성공하고자 하는 회사는 먼저 현재의 위치를 지킬 수 있어야 한다. 그렇게 하고 나서야 남는 힘으로 공세를 취할 수 있다. 그러나 성공을 거두기 위해 결정적인 것은 실제로 어느 정도의 힘을 투입하느냐이다.

    ❝어떤 전략적인 목적을 위해 쓰도록 정해져 있는, 현재 있는, 모든 힘을 동시에 투입해야 한다. 그리고 이러한 힘의 투입은 모든 것을 한꺼번에 그리고 한순간에 쏟아놓을수록 더 완벽해진다.❞

〈제4권〉

"지쳐 있고 수많은 제약조건에 손발이 묶인, 그래서 싸우려는 의지가 거의 없는 적군에 대해서는 저항하는 흉내만 내도 충분하다.❞

〈제6권〉

시사점 14 : 0% 또는 100%의 원칙
- 일단 결정을 내리면 그것을 온 힘을 다해 실행하라.

– 결정을 내리고 싶지 않으면 더는 신경쓰지 말아라.

– ‘하려면 제대로 하고, 안 하려면 완전히 손을 떼라’ 이것이
  당신의 행동원칙이어야 한다.

전후 서독의 초대수상이던 콘라드 아데나워는 이와 똑같은
생각을 다음과 같이 표현한 바 있다.

66 내가 왜 어제 온 눈에 관심을 가져야 하는가?99

우리는 의견을 바꾸고 방향을 트는 것 자체를 약점의 노출로
볼 필요가 없다. 그러한 행위가 타당한 근거가 있고, 또 ‘0% 또는
100%의 원칙’에 따라 확실하게 결정된 것이라면 오히려 그렇게
하는 것을 칭찬해야 하기 때문이다. 목표달성을 하는 데 있어서
훨씬 해로운 것은 변덕과 “네, 그렇지만” 하는 태도이다.

적을 공격할 때의 목표는 적을 지속적으로 불리한 위치에 놓
이게 하는 것이다.

66 적으로 하여금 우리의 의지를 따르도록 하려면, 우리는 적이
우리의 요구조건을 순순히 들어줄 때보다 적을 더 불리한 상태에
놓이게 해야 한다. 당연히 이러한 불리한 상태가, 적어도 곁에서 보
기에는, 오래 계속될 것처럼 보여야 한다. 그렇지 않으면 적은 마음

속으로 승복하지 않고 때를 기다릴 것이다. 〝〞      〈제1권〉

클라우제비츠의 이 말을 풀어쓰면 다음과 같다.

시사점 15 : 공격할 때의 성공
 − 우리의 적이 공격하기도 전에 항복할 때의 상황보다 더 불
   리한 상태로 우리가 적을 밀어붙일 수 있고, 그러한 상태가
   오래 지속되게 할 수 있으면 적은 결국 굴복한다. 즉, 공격
   하는 쪽이 원하던 성공을 거두게 된다. 하지만 이렇게 해서
   얻은 성공은 계속해서 억압해야만 유지된다. 누르지 않으면
   언젠가 적이 저항할 것이기 때문이다.

   클라우제비츠는 이렇게 상대방을 강제로 굴복시킨 다음, 저
항하지 못하게 계속적으로 누를 것을 권했다. 그러나 이렇게 되
면 상대방은 언제나 패자로서의 굴욕감을 느끼고 복수의 기회를
노릴 것이다. 그러므로 다른 건설적인 방안을 모두 시행해본 다
음에 비로소 클라우제비츠가 권하는 방식을 따르는 것이 좋지 않
을까 한다.
   우리는 진짜 전쟁을 할 때처럼 경쟁사를 다룰 수는 없으므로,
클라우제비츠의 이 생각을 기업경영에 응용할 때는 아주 조심스
럽게 해야 한다. 장기적으로 볼 때는 오히려 그 반대되는 전략을

쓰는 편이 더 나을 수 있다. 즉, 경쟁사가 우리의 의지를 따르게 함으로써 번창하게 만드는 것이다.

이러한 전략은 너도 살고 나도 사는, 즉 고전적인 윈-윈 상황을 낳을 수 있다. 윈-윈 상황에서는 패자가 없고, 당사자 모두가 번영을 누린다. 또 모든 당사자가 현 상태를 바꿀 필요성을 느끼지 못하므로 지속적으로 안정된 상태가 유지될 수 있다.

*178 page

우리나라의 뛰어난 문필가 법정 스님도 무소유의 철학을 다음과 같은 아름다운 말로 표현한 바 있다.

무엇인가를 소유한다는 것은
한편으로는 소유를 당하는 것이며,
무엇인가에 얽매인다는 뜻이다.

무엇인가를 가질 때
우리의 정신은 그만큼 부자유해지며
타인에게 시기심과 질투와 대립을 불러일으킨다.

적게 가질수록 더욱 사랑할 수 있다.
어느 날인가는 적게 가진 그것마저도
다 버리고 갈 우리 처지가 아닌가.

법정,《살아 있는 것은 다 행복하라》

188

## 미래의 리더들에게 클라우제비츠가 건네는 말
CARL VON CLAUSEWITZ

많은 식물들이 너무 높이 자라지 않아야만 열매를 맺듯이, 실용적인 기술의 경우에도 이론적인 잎과 꽃이 지나치게 자라면 안 된다. 그것들의 바탕이 되었던 고유한 땅, 즉 경험과 가까운 거리를 유지해야 한다.

적의 저항력은 그들이 현재 보유하고 있는 자원의 양과 그들의 의지력의 강도를 곱한 것이다.

전쟁이란 다른 수단을 써서 하는 정치의 연장延長에 지나지 않는다.

전술은 전투에서 병력을 사용하는 것에 관한 가르침이고, 전략은 전쟁의 목적을 달성하기 위해 전투를 어떻게 이용할 것인가를 다루는 분야이다.

6

# 피터 드러커

기업 성공의 열쇠는
헌신적인 직원들이다

Peter Ferdinand Drucker

피 터 드러커는 20세기가 낳은 가장 뛰어나고 존경받는, 그래서 가장 영향력
이 큰 경영사상가였다. 무려 60년에 걸쳐 39권의 주옥같은 저서를 남긴 드
러커 교수는 현대의 경영 및 경영자들에게 상상할 수 없을 정도로 큰 영향을 미쳤
다.

법학과 경제학을 공부한 드러커가 경영학과 연관을 맺기 시작한 것은 41세가 되던
해인 1950년 뉴욕대 경영학과 교수로 취임하면서부터였다. 경영학 교수라는 직함
을 최초로 가졌던 그는 경영학을 선택한 이유를 "인간의 행복을 증진하는 것은 물
질적 소비수준의 증대를 통해서인데, 그 목적을 달성하도록 하는 경제주체는 기업
이고 경영학은 기업의 생산성에 초점을 맞추는 학문"이기 때문이라고 했다.

드러커는 방대한 저서를 통해 기업경영 전반에 대한 방향을 제시하고 있다. 자신의
90번째 생일에는 "나는 기계나 건물이 아닌 사람에 주목했다"는 말로써 자신의 연
구중심이 인간이라는 점을 다시 밝히기도 했다.

2005년 11월 11일 96번째 생일을 며칠 앞두고 세상을 떠난 피터 드러커는 20세기가 낳은 가장 뛰어나고 존경받는, 그래서 가장 영향력이 큰 경영사상가였다. 무려 60년에 걸쳐 39권의 주옥같은 저서를 남긴 이 어마어마한 대가가 현대의 경영 및 경영자들에게 얼마나 큰 영향을 미쳤는가를 일화로 알아보자.

이미 우리 시대의 전설적인 최고경영자가 된 잭 웰치Jack Welch는 1981년 제너럴 일렉트릭GE의 회장이 된 지 얼마 안 되어, 드러커를 GE의 뉴욕 본사로 초청한 바 있다. 이 자리에서 드러커는 웰치 회장에게 두 질문을 던졌다고 한다.

"만일 (GE가 이미 진출해 있는) 어느 사업 분야에 당신 회사가 현재 들어와 있지 않다면, 당신은 그 분야에 지금 들어가겠는가?"

"만일 대답이 '아니오'이면, 그 사업을 어떻게 하겠는가?"

이 두 질문에 자극을 받은 웰치는 이런 기본전략을 세웠다.

    **❝**GE의 각 사업부는 그 분야에서 1위 또는 2위를 해야 한다. 그렇지 못한 사업부는 대대적인 수술을 받거나, 팔아치우거나, 문을 닫아야 한다.**❞**

이것은 웰치 재임기간 중의 GE의 핵심전략이었으며, 이것을 바탕으로 웰치는 GE를 초일류회사로 탈바꿈시켰다. 그는 드러커 교수의 부고를 접하고 나서 다음과 같이 논평했다.

" 세계는 그가 20세기의 가장 위대한 경영사상가였다는 것을 알고 있다."

인텔의 창립자 앤드류 그로브Andrew Grove는 이렇게 말했다.

" 많은 철학자들과 마찬가지로 드러커는 평범한 경영자들의 공감을 사는 평이한 언어로 말했다. 그 결과 짤막짤막한 그의 말은 헤아릴 수 없이 많은 일상의 행동에 영향을 미쳤다. 나의 행동은 수십 년 동안 그의 말의 영향을 받았다."

드러커가 경영학자로서 이렇게 칭송을 받을 수 있었던 이유는 무엇인가? 먼저 그의 영향력과 통찰력 그리고 미래를 내다보는 안목이 왜 다른 경영전문가들을 압도하는가를 살펴본 다음, 드러커 경영사상의 핵심과 그가 본 미래사회의 모습을 논의하고자 한다. 특히 인간 중심의 경영철학을 실천하고자 하는 경영자들이나 기업의 별이라 할 수 있는 임원들의 경쟁력을 높이고자 하는 경영자들은 아직도 그에게서 많은 도움을 받을 수 있다.

# 01

# 역사를 이해한 경영학자

1999년에 나온 《21세기 지식경영》라는 책의 끝머리에서 드러커는, 이 책이 실제로 다룬 것은 "사회의 미래the future of society" 였다고 말했다. 그는 늘 미래에 대해 각별한 관심을 갖고 있었다. 미래에 대해 생각하고 이야기하는 사람은 많지만, 드러커만큼 우리의 사고思考에 큰 영향을 미친 경영학자는 없었다.

그는 이미 수십 년 전에 이른바 지식노동자들knowledge workers의 출현을 예고했고, 50년대에 일본이 경제대국으로 등장할 것이라고 말했으며, 또한 일본의 경제력이 한창 세계를 휩쓸고 있던 1987년에 일본이 부딪힐 큰 어려움을 정확히 예언했다. 그는 권위주의적인 계층조직을 가진 대규모의 전통적인 기업이 차차 사라질 것이라고 했다. 그리고 지나치게 올라가고 있는

CEO의 보수가 사회에 미칠 악영향을 오래전부터 걱정했다. 또한 21세기에는 성인평생교육 사업이 크게 성장할 것이라고 예측했다. 이런 예는 얼마든지 더 있다.

그는 어떻게 그토록 깊은 통찰과 빼어난 미래예측능력을 갖출 수 있었을까? 우리는 그 해답의 실마리를 그의 자서전인《관찰자의 모험Adventures of a Bystander》에서 찾을 수 있다.

드러커처럼 제1차 세계대전이 일어나기 전의 오스트리아-헝가리 제국에서 중상류층의 자녀로 태어난 세대는 국제화된 분위기 속에서 아주 높은 수준의 소양교육을 받았다고 한다. 이들은 통상 예술, 역사, 문화에 대한 풍부한 지식을 갖고 있었으며, 여러 개의 외국어를 구사하는 것은 보통이었다. 청년 시절의 드러커는 한걸음 더 나아가 중세의 스페인 수사 그라시안의 글을 읽기 위해 스페인어를 익혔으며, 키에르케고르의 저술을 이해하기 위해 덴마크어를 배울 정도로 지적 호기심이 강했다.

이러한 탄탄한 기본소양과 더불어 그의 결정적인 또 하나의 강점은 역사에 대한 깊은 이해이다. 역사에 관한 한 그는 거의 백과사전 같은 지식을 갖고 있었으며, 그러한 방대한 지식을 바탕으로 현재, 과거, 미래를 상상을 초월하는 기기묘묘한 방법으로 연결지었다. 즉, 그는 탁월한 연관능력the skill of association이 있었다. 아서 케스틀러Arthur Koestler라는 학자는 이 연관짓는 능력이야말로 창의성의 진정한 원천이라고 말한 바 있다.

예를 들어, 드러커는 앞에서 언급한 《21세기 지식경영》에서 오늘날의 정보기술을 인쇄술의 역사에 비추어 고찰한 다음, IT혁명의 승자는 현재의 하드웨어나 소프트웨어 회사가 아니고 지식과 컨텐츠를 다루는 출판사라고 예견했다. 그리고 독일의 베텔스만Bertelsmann 같은 회사를 예로 들고 있다. 베텔스만은 오늘날 세계에서 가장 큰 영어서적 출판사이다.

지난 수천 년간의 인류역사를 되돌아보면, 역사는 반복되지 않지만 오랜 세월 동안 인간은 거의 변하지 않은 듯하다. 석가모니나 플라톤 그리고 세네카 등의 현인들이 인간과 인간의 행동에 대해 말한 내용은 예나 지금이나 다 정확히 들어맞는다. 그래서 우리는 현재 일어나고 있는 현상과 미래를 과거에 비추어 해석할 때 귀중한 통찰을 얻을 수 있다.

이것이 바로 대다수의 경영학자들이 갖고 있지 않은 피터 드러커의 독특하고 위대한 강점이다. 역사에 대한 이해가 부족하거나 역사의식이 약하면 잠시 나왔다가 사라지는 경영 분야의 일시적인 유행이나 풍조에 빠지기 쉽다. 조지 산티야나라는 철학자는 "역사로부터 배우려고 하지 않는 사람에게 역사는 반복된다"라고 말했다. 옛 술을 새 부대에 담아놓고 새로운 것을 만들었다고 떠드는 일이 비일비재한 경영의 세계에 이 말은 특히 더 잘 들어맞는 듯하다.

드러커는 역사라는 훌륭한 도구로 우리를 가르쳤다. 그는 우

리에게 새로운 안목을 열어주고, 미래를 더 잘 이해할 수 있게 해
주었다. 즉, 그가 바로 과거의 사람이었기 때문에 미래의 사상가
로 빛을 발하고 있는 것이다.

# 02

# 경영사상

## 인간중심경영

기업경영에 대한 피터 드러커의 중심 테마는 "어떻게 하면 직원들을 더 효과적으로 만드느냐"이다. 이런 의미에서 그의 경영사상의 핵심은 "기업 성공의 열쇠는 헌신적인 직원들이다"라고 말할 수 있다. 따라서 직원들을 자원이 아닌 원가로 보는 시각은 크게 잘못된 것이다. 성공하는 회사들은 그들이 최고의 성과를 올릴 수 있는 환경을 조성한다. 그래서 그는 조립라인assembly line 시스템이 지배적이었던 시대에도 이 시스템을 강하게 비판했다. 조립라인은 가장 느린 사람의 속도에 맞춰 움직일 뿐만 아니라, 직원들의 창의력을 자극하고 창달하는 시스템이 아니기 때문이

다. 드러커는 조립라인 대신 직원들에게 권한을 부여해야 한다고
했다.

비슷한 맥락에서 그는 단기이익을 내는 데 초점을 맞추는 경영자들을 못마땅하게 여겼으며, 90년대 후반에 들어서는 치솟기만 하는 기업의 고위임원들의 보수pay의 악영향을 크게 걱정했다. CEO가 가장 적은 보수를 받는 직원보다 20배 이상을 받으면 곤란하다고 주장하며 그는 이렇게 경고했다.

    66 다음에 불경기가 닥치면, 회사에서 수백만 달러를 받아가곤 하던 최고경영자들에 대한 원성과 경멸감이 폭발할 것이다. 99

그가 특히 역겹게 생각한 것은, 회사의 경영자들이 수천 명의 근로자들을 내보내면서 자신들은 계속 엄청난 수입을 올리는 것이었다.

    66 이것은 도덕적, 사회적으로 용서할 수 없는 행위다. 우리는 이것에 대해 비싼 대가를 치를 것이다. 99

"성공하는 기업의 필수요소는 재능 있는 사람들"이라는 그의 생각과 아주 밀접한 관련이 있는 것이 지식노동자들의 성장이다. 드러커는 이미 70년대에 "세계는 '상품경제'에서 '지식경제'로 옮겨가고 있다"고 주장했는데, 이때는 지식이 원자재를 대신하여 경제의 필수자본으로 등장할 것이라는 사실을 아직 아무도 모르던 시대였다.

그리고 그는 산업근로자가 아닌 지식노동자가 새로운 경제의 주역이 될 것이라고 했다. 이들도 물론 공포심이 있고 봉급에 신경을 쓴다. 반면 스스로에 대한 자부심도 무척 강하다. 이들의 재능을 활용하려면 다른 접근방식이 필요하다. 경영자는 우선 직원들을 거대한 기계의 부품처럼 취급하지 말고, 그들을 두뇌노동자로 대접해줘야 한다. 지식노동자는 우두머리도 아니고 단순노동자도 아닌 그 중간에 있는 존재다. 즉, 자신의 가장 중요한 자산인 두뇌력을 개발하는 책임이 있고, 자신의 경력을 더 많이 스스로 관리해야 하는 일종의 사업가entrepreneurs이다.

그들에게는 자율권이 주어져야 하고, 끊임없는 혁신과 학습 그리고 가르치는 것이 그들 직무의 일부가 되도록 해야 한다. 지난 세기에 경영이 했던 가장 중요한 공헌은 제조부문에서 단순노동자들의 생산성을 50배나 올린 것이다. 21세기에는 지식노동자들의 생산성을 비슷하게 올리는 것이 경영의 가장 중요한 과제가 되어야 한다. 그래서 오늘날 지식노동자들의 생산성을 극대화하고 있는 골드만 삭스Goldman Sachs 같은 투자은행이나 베인Bain 같은 컨설팅 회사는 하나같이 초일류기업으로 추앙받고 있다.

## 목표에 의한 관리management by objectives, MBO

MBO는 조지 부시 대통령이 아직도 신봉하고 있을 정도로 영향력이 막강한 경영기법이다. 드러커는 1954년에 나온 그의 기념비적인 저작《경영의 실천The Practice of Management》에서 회사와 경영자가 명확한 장기목표를 세우고, 그것을 바탕으로 당면목표들을 도출해야 한다고 역설했다. 회사에는 이러한 장기목표를 세우는 일반관리자들general managers로 이루어진 엘리트 집단과 전문영역을 담당하는 관리자들specialized managers이 있어야 한다.

앞에서 우리는 드러커가 권한부여empowerment를 중시한다고 했는데, MBO에 대한 강조는 이것과 상치되지 않는다. 회사가 권한부여에 지나치게 의존하면 무정부 상태가 될 염려가 있고, 지휘나 통제에 너무 많이 기대면 창의력이 죽는다. 회사 차원에서 장기목표를 세우고, 직원들로 하여금 그것을 달성하기 위한 방안을 스스로 내게 하는 지혜가 필요하다. 그러면 MBO에 관한 드러커의 사상을 좀더 구체적으로 논의하기로 한다.

효과적으로 경영을 하는 회사는 모든 경영자들의 비전과 노력을 공동목표로 향하게 한다. 그런 회사의 경영자는 자신이 어떤 결과를 내야 하는지 이해하고 있다. 그리고 윗사람은 각 하위관리자로부터 무엇을 기대해야 하는가를 잘 알고 있다. 또 회사는 모든 경영자가 옳은 방향으로 전력을 다하도록 그들을 자극한다. 또한 직원들이 최고 수준의 기량을 발휘하도록 하되, 그것이 어디까지나 회사의 성과를 올리기 위한 수단이 되도록 한다.

이러한 회사 차원의 목표(들)로부터 각 경영자가 추구해야 하는 하위목표들이 도출되어야 한다. 즉, 최고경영자에서부터 최하위관리자에 이르는 모든 경영자들에게 회사의 목표에서 나온, 명확히 서술된 목표들이 주어진다. 이러한 목표들은 각 경영자의 부서가 어떠한 성과를 올려야 하는가를 명시해야 한다. 그리고 다른 부서들이 그들의 목표를 달성하는 데 도움을 주기 위해 자신의 부서가 무엇을 해야 하는가도 명시한다. 끝으로, 이 목표들은 경영자가 자신의 목표에 도달하는 데에 다른 부서들로부터 어떠한 도움을 받을 수 있는가를 명확히 해야 한다. 처음부터 팀워크와 팀 단위의 성과가 중시된다.

그러면 누가 어떻게 경영자들의 목표들을 정해야 하는가? 경영자는 자신의 부서가 자신의 상급부서 그리고 궁극적으로는 회사에 기여하는 부분에 대해서 책임을 진다. 따라서 그의 목표는 그가 속해 있는 더 큰 조직단위를 위해 그가 기여해야 하는 것에 의해 정의되어야 한다.

또한 각 경영자는 자신의 부서의 목표를 스스로 설정해야 한다. 설사 상급부서가 그가 정한 목표를 최종적으로 승인하는 권한을 갖고 있다고 하더라도, 목표개발 자체는 해당경영자의 책임이다. 그리고 그의 목표가 상급부서나 회사가 객관적으로 필요로 하는 바를 반영해야 하므로, 그는 상급부서의 목표개발 과정에 적극적으로 참여해야 한다.

MBO의 가장 큰 이점은 그것이 경영자로 하여금 자신의 성과를 스스로 통제할 수 있게 한다는 것이다. 자기통제self-control는 더 높은 성과목표와 최선을 다하겠다는 의지로 이어진다. 지배 domination에 의한 경영보다 자기통제에 의한 경영이 더 바람직하다는 것은 의심의 여지가 없다.

경영자가 자신의 성과를 스스로 통제할 수 있으려면 그는 성과와 결과를 목표와 대비하여 측정할 수 있어야 한다. 경영성과를 측정하는 데 필요한 정보는 대부분 쉽게 구할 수 있으므로, 측정에 의한 효과적인 자기통제, 자기통제에 의한 경영은 경영의 정석이 되고 있다. 이것들은 모두 피터 드러커가 주창한 MBO, '목표에 의한 관리'에서 비롯되었다.

# 03

# 효과적인 임원의 할 일

　임원의 경쟁력이 회사의 경쟁력이란 말이 있다. 그만큼 임원들이 자신들의 임무를 효과적으로 수행하는 것이 회사의 성공을 위해 중요하다는 뜻이다. 그래서 드러커도《성과를 위한 도전》이란 책에서 효과적인 임원의 기능을 자세히 논의한 바 있다.

　효과적인 임원이란 한마디로 올바른 일을 해내는 능력을 가진 사람이다. 그러려면 다른 사람들이 간과한 일을 해야 하고, 비생산적인 것을 피해야 한다. 드러커는 효과적인 임원이 되려면 다섯 가지 습관을 반드시 몸에 익혀야 한다고 강조했다. 그렇지 않으면 임원이 아무리 뛰어난 상상력·지식·지능을 갖추고 있다고 하더라도 그것들이 좋은 성과로 연결되지 않는다고 했다.

　그러면 그 다섯 가지란 무엇인가? 이에 관한 드러커의 아이

디어와 그후에 이루어진 경영학 분야의 연구성과를 함께 논의하
겠다.


## 시간관리


드러커가 가장 먼저 꼽은 것은 시간관리management of time이
다. 그는 각 임원이 자신의 시간을 어떻게 쓰는가를 기록하고, 그
내용을 분석하여 불필요한 시간낭비요인을 제거할 것을 권했다.
경영자의 시간의 희소성scarcity에 일찍부터 주목하고 적극적인 관
리를 역설한 것은 그의 큰 공헌이다.

이러한 생각은 그후 80년대 후반에 들어서서 "전략적 성공요
인으로서의 시간"이라는 개념을 낳는 데 도움이 된 것으로 보인
다. 시간을 경쟁우위의 원천으로 활용해야 한다는 생각을 담고
있는 이 개념은 그후 기업경영에 큰 영향을 주었다.

그렇다면 경영자가 전략적 성공요인으로서의 시간을 어떻게
활용해야 하는가를 생각해보자.

시간은 우리 모두의 매우 귀중한 자산인 동시에, 골칫거리이
기도 하다. 시간 부족, 시간의 압력, 시간 맞추기 등은 많은 경영
자들에게 큰 스트레스를 주고 있다. 만일 시간의 많고 적음에 따

라 사람의 부를 측정한다고 하면 대부분의 경영자들은 매우 가난한 축에 낄 것이다. 한편 경영자가 일을 얼마나 잘 해내느냐는 그가 시간을 얼마나 잘 쓰느냐에 달려 있다. 그래서 우리는 시간의 문제를 먼저 경영자 개인의 차원에서 살펴볼 필요가 있다. 먼저 시간에 관한 명제를 몇 개 되새겨보자.

- 개인의 시간은 유한하다.
- 시간은 저축할 수도 없고 저장할 수도 없으며, 재생산할 수도 없다.
- 이미 지나간 시간은 영원히 과거 속에 파묻히고 만다.

그러나 '시간은 돈으로 살 수 없다'라는 말은 옳지 않다. 우리는 여러 가지 종류의 위임delegation을 '시간이라고 하는 타인자본을 이용하는 것'이라고 해석할 수 있다. 또한 우리가 직접 운전을 하지 않고 운전기사가 모는 차를 타고 가면서 자동차 안에서 전화를 거는 등의 일을 한다면, 우리는 운전하는 데 우리 스스로의 시간을 쓰지 않고 돈을 주고 다른 사람으로 하여금 그의 시간을 쓰게 하는 것이다.

거의 모든 경영자가 만성적인 시간 부족에 시달리고 있다. 경영자들의 많은 고민거리 중에서 이 시간의 문제가 아마도 으뜸이지 않을까 한다. 드러커 외의 다른 명사들도 시간에 관해 비슷한 말을 한 적이 있다.

      66 나는 내 시간의 상당 부분을 낭비하고 있는 듯하다. 우리는 그다지 중요하지도 않은 일과 사람들에게 많은 시간을 쓰고 있다. 이러한 것들은 모두 시간의 낭비에 지나지 않는다."

"우리의 인생은 아주 짧다. 그러므로 순간순간을 가장 적합한 일을 하는 데만 써야 한다."

"성공적인 경영자들은 그렇지 않은 경영자들보다 시간의 기회비용을 더 크게 생각한다."

"시간은 내 인생에서 가장 중요하다. 시간의 경제학을 익히지 않으면 당신은 몰락하고 말 것이다."

"어떤 사람이 실제로 그의 시간을 어떻게 할애하는가를 보면, 우리는 그 사람이 어떤 활동을 어느 정도 중시하는지를 제대로 알 수 있다. 99

경영자들이 겪는 시간에 대한 문제를 해결하기 위해 우리는 흔히 시간관리라는 개념에 의존한다. 시간을 어떻게 써야 하는가에 관한 책이나 강연이 수없이 많지만, 대부분이 빈약한 내용을 담고 있을 뿐이다. 이런 것들은 대체로 경영자들이 겪는 시간의 문제를 해결하는 데 쓸모가 없다. 그러나 문제의 본질이 어디에 있는가를 밝히는 데는 어느 정도 도움이 된다. 경영자들이 시간관리의 부담에서 벗어나려면 슈피겔Spiegel의 모델이 그 좋은 보기이다. 슈피겔은 우리가 어떤 일을 언제 처리하느냐를 '중요성과 긴급성'이라는 두 개념으로 설명했다.

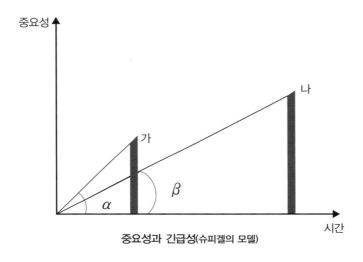

중요성과 긴급성(슈피겔의 모델)

위 그림은 그의 모델을 보여주고 있다. 가로축은 어느 시점까지 일이 처리되어야 하는가를 나타낸다. 즉, 원점에 가까울수록 일의 긴급성이 크다는 것을 뜻한다. 세로축은 일의 중요성을 나타낸다. 슈피겔에 따르면 어떤 일이 실제로 언제 처리되느냐는, 그 일의 좌표(그림의 평면에서의 위치)와 원점을 잇는 선과 가로축(시간축) 사이의 각도에 의해서 결정된다. 즉, 각도가 클수록 일이 먼저 처리된다. 위 그림에서는 $\alpha$가 $\beta$보다 크므로 '가'가 '나' 보다 먼저 처리될 것이다.

이 모델은 별로 중요하지 않지만 급히 처리해야 하는 일에 왜 손이 먼저 가게 되는가를 설명해준다. 언제 어느 상황에서나 중요성과 긴급성의 면에서 이러한 관계에 있는 일은 늘 존재하기 때문에, 경영자들은 아마도 발등의 불을 끄는 데 너무 오래 매달리고 있지 않나 싶다.

시간관리라는 개념이 경영자들의 시간문제 해결에 큰 도움을 주지 못하는 것은 왜일까? 그것이 근본적으로 시간의 공급 측면에만 초점을 맞추고 스케줄을 계획적 · 경제적으로 잘 조정하는 것을 처방으로 내세우고 있기 때문이다. 시간의 공급 측면 못지않게 중요한 것이 (시간의) 수요 측면이다.

그러면 경영자의 시간에 대한 주요 수요자는 누구인가? 통상 경영자들의 시간의 절반 이상을 부하직원들이 쓴다고 한다. 그들에게 있어서 경영자의 시간은 자유재(공짜로 얻을 수 있는 재화)나 다름없다. 경영자의 시간이 자유재로 취급되는 한, (그의 시간에 대한) 수요는 언제나 공급보다 크게 마련이다. 기업 내에서 직원들이 자질구레한 서비스를 쓰는 것은 통제하면서, 그들이 기업의 가장 한정된 자원을 쓰는 것에 대해서는 아무런 통제가 없다면 무언가 잘못된 것이다. 이 수요와 공급의 불균형을 어떻게 없앨 수 있을까?

이 문제를 놓고 해외에서 조심스럽게 거론되고 있는 아이디어가 바로 시장경제의 원리를 경영자의 시간에도 적용하자는 것이다. 즉, 경영자의 시간에 값을 매기고 필요로 하는 사람은 어떤 형태로든 그 비용을 부담해야 쓸 수 있게 하는 것이다.

이러한 제도는 물론 경영자의 시간의 일부에 대해서만 시행할 수 있고, 직원들에게는 그들이 스스로 요구하는 (경영자의) 시간에 대해서만 그 값을 지불하게 해야 할 것이다. 하지만 이러한 제도를 시행하려고 하면 많은 실무적인 어려움이 따를 것이다. 예를 들어 수요의 파악을 통해 지불의 형태 및 방법을 강구하는 작업만 해도 결코 쉽지 않다.

그러나 기업이 이 귀중한 자원을 그것의 일부만이라도 시장경제의 원리에 따라 더 효율적으로 할당할 수 있다면, 기업은 반드시 그렇게 해야 한다. 독일의 경영학자 헤르만 지몬은 이러한 제도를 시행하여 좋은 성과를 거두고 있는 한 회사의 사례를 소개한 바 있다. 경영자의 시간에 대하여 돈을 지불하게 하기는 어렵다면 이런 중간 단계를 생각해볼 수도 있다.

- 독일의 자동차회사 아우디Audi는 중역회의에서 논의될 안건들을 토의하는 데 어느 정도 시간이 걸릴 것인지를 미리 알리게 한다. 만일 예상소요시간이 회사의 시간예산time budget을 넘으면 회의에서 각 안건의 토의를 좀더 빨리 진행시킨다

이런 아이디어는 아직 초기단계에 있으며, 구체적인 시행의 문제는 좀더 연구를 해봐야 한다. 그러나 어쨌든 경영자의 시간을 자유재처럼 취급하는 풍습은 언젠가 사라져야 한다. 최고경영자는 최소한 모든 임직원에게 각자의 시간이, 특히 경영자의 시간이 매우 비싼 상품이라는 생각을 갖게 해야 한다. 그러면 회사 내에서 중요하지도 않은 일로 남의 시간을 함부로 쓰는 일은 많이 줄어들 것이다.

## 조직에 대한 공헌에 초점 맞추기

임원은 자신이 회사에서 왜 봉급을 받고 회사에 어떤 기여를 해야 하는가를 확실히 알고 있어야 한다. 자신이 회사에 대해 어떤 공헌을 해야 하는가를 정확히 이해하고 있으면, 스스로를 더 채찍질하고 자신과 조직의 목표에 대해 생각하게 될 것이다. 또한 주된 관심사가 자신이 하고 있는 일의 효율에서 스스로가 생산하는 가치로 바뀐다. 무엇보다도 그는 윗사람만 기뻐하면 만족하는 부하의 태도를 버리고, 스스로 책임질 각오를 하게 된다.

한마디로 임원은 조직에 대한 자신의 공헌에 초점을 맞춤으로써 수단보다는 목적과 결과에 더 집중하게 된다.

## 강점을 생산적이게 한다

효과적인 임원은 강점을 생산적이게 한다. 그는 약점에 의존해서 성과를 올릴 수 없다는 것을 안다. 결과를 얻기 위해서는 동원할 수 있는 모든 강점을 활용해야 한다. 부하의 강점, 상관의 강점, 자신의 강점, 동료의 강점 등등. 이러한 강점들이야말로 진정한 기회이다. 구성원 각자의 강점을 생산성 있게 만듦으로써 높은 성과로 이어지게 하는 것이 바로 조직의 과업이다. 그래서 효과적인 임원은 그 사람이 무엇을 할 수 있는가를 바탕으로 승진·배치 등의 인사결정을 한다. 즉, 약점의 극소화가 아닌 강점의 극대화가 임원 인사정책의 기본원칙이다.

거의 모든 경영자들이 윗사람과의 관계에서 어려움을 겪고 있다. 그런데 효과적인 임원은 그의 상관의 강점들을 최대한 생산적이게 하려고 노력한다. 그는 대체로 이런 질문을 던진다.

- 나의 상관이 정말 잘할 수 있는 것은 무엇인가?
- 그가 과거에 정말 잘한 것은 무엇인가?
- 그가 자신의 강점을 활용하기 위해 알아야 하는 것은 무엇인가?
- 그가 성과를 올리기 위해 내게서 얻어야 하는 것은 무엇인가?

즉, 그는 상관의 강점과 상관이 잘하는 것, 잘할 수 있는 것에 주목한다. 상관의 강점을 발판으로 삼는 것만큼 임원을 효과적으로 만드는 것도 드물다.

효과적인 임원은 늘 '내가 무엇을 할 수 있는가?' 라는 질문을 던지고, 그것에 대한 해답을 찾는다. 즉, 그가 할 수 있는 중요한, 의미 있는 그리고 (당면한 문제와) 관계 있는 일에 항상 관심을 둔다. 그가 할 수 있는 그러한 일들은 언제나 널려 있게 마련이다. 그는 자신의 일하는 습관과 기질을 알고, 그 습관과 기질이 뛰어난 성과를 올리는 데 도움이 되도록 일을 한다.

·

## 올바른 우선순위의 설정

효과적인 업무수행의 비결이 하나 있다고 하면, 그것은 집중이다. 효과적인 임원은 우선적으로 해야 할 일을 먼저 하고, 한 번에 한 가지 일만 한다. 그에게는 해야 할 일이 항상 산더미처럼 쌓여 있기 때문에 그는 시간과 정력을 집중하여 한 번에 한 가지 일에만 몰두하는 것이다. 그리고 현재의 상황에 비추어 보아 가장 먼저 처리해야 하는 과제에 우선 손을 댄다. 또 더 이상 생산적이지 않은 과거의 관습에서 벗어나기 위해 모든 프로그램, 활동, 과업에 대해 수시로 다음과 같은 질문을 한다.

> ❝ 이것은 아직도 할 가치가 있는 일인가? ❞

만일 대답이 부정적이면, 그는 좋은 결과를 낳을 수 있는 과업에 집중하기 위해 과감하게 그것을 없앤다.

기업은 항상 사람이나 시간 등 활용할 수 있는 현재의 자원만으로는 감당할 수 없는 많은 기회를 만나고, 미래를 위한 수많은 과제를 접한다. 그래서 올바른 우선순위를 정하는 것이 중요하다.

실제로 우선순위를 정하는 것 자체는 그다지 어렵지 않다. 정말로 어려운 것은 후순위를 정하는 것, 즉 당장 처리하지 않을 과제를 정하고 그 결정을 고수하는 것이다.

임원들은 기업에서 무엇인가를 연기한다는 것은 그것을 포기하는 것임을 알고 있다. 그래서 가능하면 아무것도 연기하지 않으려 한다. 또 후순위로 정해지는 어떤 과업도 누군가에게는 최우선순위이므로 후순위를 설정하는 일은 즐겁지 않다. 그래서 해야 할 과업들의 우선순위를 정한 다음에, 실제로는 모든 일을 다 조금씩 하려는 경향이 강하다. 이렇게 하면 아무도 큰 불만을 갖지는 않겠지만, 제대로 되는 일은 아무것도 없다.

우선순위 및 후순위를 설정하는 데 있어서 가장 중요한 것은 정교한 분석이 아니라 과감한 용기이다. 문제의 해결이 아닌 기회의 포착에 무게를 두고, 기회를 결과로 전환시키기 위해 온 힘을 기울일 수 있는 용기가 필요하다.

지금까지의 이야기를 우리는 '집중과 용기'라는 두 핵심단어를 중심으로 다음과 같이 간추릴 수 있다.

- 집중
  · 현재의 과업에 몰두하라.
  · 그 일이 끝나면 상황을 검토하고, 다음에 가장 먼저 오는 과업에 손을 대라.
- 용기
  · 과거가 아닌 미래, 문제가 아닌 기회에 초점을 맞춰 우선순위를 정하라.
  · 우선순위를 정했으면, 그 결정을 과감하게 밀고 나가라.

## 효과적인 의사결정

효과적인 임원은 효과적인 의사결정을 한다. 효과적인 의사결정과정의 요소는 대체로 다음과 같다.

하나, 효과적인 임원은 먼저 이런 질문을 던진다.

"이것은 일반적인 상황인가, 아니면 예외적인 상황인가?"

일반적인 문제라면 규칙과 원칙을 세우는 결정을 내림으로써 풀어야 한다. 예외적인 일이라면 그때그때 그것에 맞게 다뤄야 한다.

둘, 효과적인 의사결정 과정의 두 번째 요소는 무엇을 달성해야 하는가를 명확히 하는 것이다.

셋, 문제를 확실히 풀 수 있는 올바른 해결책을 먼저 강구한다. 타협, 양보, 의견 조정 등을 생각하기 전에 가장 올바른 결정이 무엇인가를 명확히 할 필요가 있다.

넷, 의사결정을 행동으로 옮기는 부분이 처음부터 의사결정에 포함되어 있지 않으면 아직 결정되었다고 볼 수 없다. 결정된 내용을 실행에 옮길 행동이 명시될 때까지는 (결정이 아닌) 좋은 의향만 있다고 봐야 한다.

다섯, 실제로 전개되는 사태의 추이에 비추어 의사결정의 타당성과 효과를 검증할 수 있는 피드백이 있어야 한다.

## 04
# 미래사회의 모습

　　앞에서 드러커가 미래를 내다보는 뛰어난 안목이 있다고 말
했다. 그 능력을 바탕으로 그는 말년에, 빠른 속도로 현실이 되고
있는 미래사회의 모습을 제시했다. 구체적으로 그는 여섯 가지
주요 추세가 앞으로 사회의 모습을 결정지을 것이라고 했다. 하
나하나 살펴보자.

### 고령인구의 빠른 증가 및 젊은 세대의 빠른 감소

　　인구구성이 급속히 변하면서 연금을 받기 시작하는 나이가

빨라지고, 많은 노인들이 대부분 비정규직 근로자로 일하게 될 것이다. 또한 그들의 정치적 발언권이 커지고, 연금문제는 선거 때마다 주요쟁점이 된다. 젊은이들의 숫자가 줄어들어서 이민을 받아들이자는 목소리가 커지는 반면, 그에 대한 반대도 만만치 않을 것이다. 성인의 평생교육산업이 급성장할 것이고, 제2의 경력을 추구하고 인생의 후반부를 새롭게 살려는 사람들의 수가 급속히 늘어날 것이다.


## 새로운 노동계층

현재 모든 선진국에서 가장 빨리 성장하고 있는 노동계층인 지식노동자의 비중은 앞으로 더욱 커질 것이다. 이들이 주축이 되는 지식사회·지식경제에서는 개인도 조직도 한층 더 치열한 경쟁을 하게 된다. 이들은 자신들을 피고용인이 아닌 전문가로 보며, 어떤 조직에 속해 있다고 생각하지 않고 그곳에서 일한다고 간주한다. 이들은 또한 직장을 비교적 쉽게 옮기며, 사회적·경제적 지위가 상승할 수 있는 기회가 거의 무한정 주어진다. 그러나 그런 만큼 한층 더 심리적 압박감에 시달리게 된다.

## 제조업의 역설

1960년대부터 약 40년 동안 미국 경제에서 제조업이 차지하는 비중과 제조업에 종사하는 근로자들의 비율이 절반가량 줄어들어 약 15% 정도가 되었다. 그러나 같은 기간 동안에 생산량은 2~3배 늘었다고 한다. 2020년경에는 선진국들의 제조업 생산량이 최소한 지금의 갑절은 될 것이고, 제조 분야 근로자들의 비율은 10~12%가 될 것으로 예상된다.

미국과 영국에서는 이러한 변화가 큰 문제 없이 진행되었지만, 제조업의 비중이 아직 높고 노동시장이 상대적으로 덜 유연한 일본·프랑스·독일에서는 고통스러운 과도기가 있을지도 모른다. 또한 과거에 일본·한국·대만이 그랬던 것처럼 개발도상국들이 제조업을 바탕으로 경제 기적을 일구어내기는 쉽지 않을 것이다.

그리고 제조업의 비중이 떨어짐에 따라 새로운 형태의 보호주의가 나타날 것이며, 위협을 느끼는 제조업 종사자들은 정치적으로 더욱 단결하고 큰 목소리를 낼 것이다.

## 미래의 기업

1970년대 이후 현대기업의 주요 특징들이 이렇게 바뀌고 있다.

- 생산의 수단은 지식노동자들이 갖고 있는 지식이다.
- 한 회사의 직원들 가운데 임시직, 계약직, 파견직 등 그 회사에 전속되어 있지 않은 근로자들의 비율이 점점 높아지고 있다.
- 한 회사에서 제품을 생산하기 위해 거의 모든 일을 혼자서 다 하던 시대는 지나가고, 외부조달outsourcing의 비중이 커지고 있다. 대체로 회사의 조직은 통합integration보다는 분해 disintegration의 방향으로 나아가고 있다.
- 고객이 정보를 갖게 됨에 따라 힘의 중심축이 공급회사 · 제조회사로부터 고객으로 이동하고 있다.
- 한 산업에서 필요로 하는 지식이 점점 더 전혀 다른 기술에서 나오고 있다.

이러한 변화와 더불어 앞으로는 하나가 아닌 다양한 종류의 기업이 등장할 것으로 예상된다.

## 최고경영자의 미래

　지난 몇 년 동안 미국 대기업 총수들의 상당수가 취임한 지 1~2년 만에 해임되는 등 최고경영자의 실패율이 높아지고 있다. 이들은 한결같이 뛰어난 능력을 인정받은 사람들이었다. 그러니까 이러한 현상은 사람의 실패라기보다는 시스템의 실패라고 봐야 할 것이다. 이 역시 현대기업사회에서의 최고경영자의 일이 얼마나 힘든가를 보여주는 한 예라 할 수 있다.

　미래의 최고경영자들이 해야 하는 매우 중요한 과업 중 하나는 기업의 세 가지 측면을 균형 있게 관리하는 것이 될 것이다. 즉 경제조직, 인간조직, 사회조직으로서의 기업을 어느 한 측면에 치우치지 않고 잘 이끌어가는 것이다. 전통적으로 독일 모델은 사회조직 측면을 중시했고, 일본에서는 인간 차원 그리고 미국에서는 경제 차원에 무게를 두었다. 그러나 이제는 세 측면에 골고루 신경을 써야 하는 시대다.

　아마도 CEO의 가장 중요한 과제는 자신이 속한 조직의 독특한 개성unique personality을 확립하는 것이 될 것이다.

## 미래의 제도, 기관, 이념

1770년대 중반에 시작된 1차 산업혁명은 몇십 년이 지나서야 많은 사회 · 경제 변화를 가져왔다. 즉 로스차일드Rothschild 같은 다국적기업, 새로운 사회계층으로서의 공장노동자들, 지적자산, 일간신문, 기능대학, 협동조합, 노동조합, 유한책임 등의 개념 · 기관 · 제도들이 그 산물이다. 또 19세기 후반의 2차 산업혁명은 근대적인 형태의 기업, 은행, 경영대학원, 공무원 등의 제도와 기관을 낳았다. 뿐만 아니라 공산주의, 비스마르크의 복지국가, 영국의 기독사회주의 및 페이비언주의, 테일러의 '과학적 경영' 같은 새로운 이념과 이론들도 이 두 산업혁명에 대한 대응으로 나온 것이다.

마찬가지로 정보혁명으로 말미암아 새로운 제도 · 기관 · 이론들이 나오고 있다. NAFTA, FTA, 시티그룹Citigroup이나 골드만삭스 같은 초국가기업transnational companies 등이 그러한 예다. 또 경제의 추진력으로서의 창조적인 파괴creative destruction와 새로운 기술을 강조했던 조지프 슘페터Joseph Schumpeter의 이론이 다시 각광을 받고 있다. 이러한 모든 현상을 돌아보면, 정말로 큰 변화는 앞으로 일어날 것이 분명하다. 그리고 그 변화의 주요 내용도 새로운 제도, 기관, 이론, 이념이 될 것이다.

## 미래의 리더들에게 피터 드러커가 건네는 말
PETER DRUCKER

어떤 기업도 기본 기능은 둘뿐이다. 그것은 마케팅과 혁신이다.

각 기업은 단순명료하고 일관성 있는 목표가 있어야 한다. 그것은 이해하기 쉽고 도전해볼 만한 것이어야 하며, 그것으로 회사의 모든 사람이 공통의 비전을 갖게 되어야 한다.

사업의 결과는 만족하고 있는 고객이다.

Peter Ferdinand Drucker

7

숨은 세계 챔피언들의 챔피언

# 헤르만 지몬

최고의 기술로
세계시장을 석권하라

Hermann Simon

•

•

헤르만 지몬(1947~현재)은 피터 드러커와 더불어 독일어권 지역에서 가장 존경받는 경영학자이다. 이미 30여 권의 저서와 수백 편의 논문을 세계 수십 개국에서 출간한 그는 사실상 현대 유럽경영학의 자존심이다.

그는 가격에 관한 매우 수준 높은 논문과 주옥같은 저서로 명성을 내기 시작했지만, 그가 다루는 토픽은 전략, 기업문화, 중소기업, 혁신, 변화경영, 서비스, 고객만족, 경영교육 등 실로 다양하다.

이 글에서는 지몬의 경영사상의 핵심을 논의함으로써 우리가 친숙한 미국의 경영학과는 사뭇 다른 면모를 보이고 있는 유럽경영학의 진수를 소개하고자 한다. 혁신과 변화경영, 훌륭한 회사를 만드는 기업문화를 모색하는 경영자에게 지몬은 많은 도움을 줄 것이다.

2005년 5월 독일의 경영학자 빈프리드 베버 박사는 독일어권에서 가장 영향력 있는 10명의 경영사상가를 투표로 선정해 발표했다. 이름과 순위는 다음과 같았다.

| 순위 | 이름 | 득표율 |
|---|---|---|
| 1 | 피터 드러커 | 9.49% |
| 2 | 헤르만 지몬 | 8.23% |
| 3 | 프레드문트 말릭 | 7.59% |
| 4 | 필립 코틀러 | 6.96% |
| 5 | 톰 피터스 | 6.33% |
| 6 | 마이클 포터 | 5.70% |
| 7 | 잭 웰치 | 5.70% |
| 8 | 디터 브란데스 | 3.16% |
| 8 | 마티아스 호룩스 | 3.16% |
| 10 | 게리 하멜 | 2.56% |

그후 비슷한 설문조사가 몇 차례 더 행해졌지만 결과는 크게 달라지지 않고 있다. 헤르만 지몬은 피터 드러커와 더불어 독일어권에서 가장 존경받는 경영학자이다. 이미 30여 권의 저서와 수백 편의 논문을 세계 수십 개국에서 출간한 그는 사실상 현대 유럽경영학의 자존심이라고 할 정도다.

지몬은 가격에 관한 매우 수준 높은 논문과 주옥같은 저서로 명성을 얻기 시작했지만, 그가 다루는 토픽은 전략, 기업문화, 중소기업, 혁신, 변화경영, 서비스, 고객만족, 경영교육 등 실로 다양하다. 그의 글은 한결같이 명쾌하고 아름다우며, 깊은 통찰과 번득이는 창의성이 담겨 있다.

명성과 업적에 비해 지몬이 한국에 비교적 덜 알려진 까닭은, 아마도 저술의 80% 정도가 독일어로 씌어졌기 때문이 아닌가 한다. 그래서 나는 이 글에서 지몬 경영사상의 핵심을 논의함으로써, 우리가 친숙한 미국의 경영학과는 사뭇 다른 면모를 보이고 있는 유럽경영학의 진수를 소개하고자 한다.

특히 자신이 경영하는 회사를 세계적인 우량기업으로 만들고 싶어하는 중소기업의 경영자들, 회사를 과감히 바꾸고자 하는 경영자들 그리고 자신의 회사에 맞는 경영 패러다임을 모색하고 있는 경영자들에게 헤르만 지몬은 매우 큰 도움을 줄 것이다.

# 01

# 독일의 숨은 세계 챔피언들

독일에는 자기 분야에서 세계 최고일 뿐만 아니라 대부분 세계시장 점유율이 60~80%이고 바로 밑의 경쟁사보다 4~5배나 강한 초일류 중소기업들이 약 600개나 있다고 한다. 다음의 회사들이 그 전형적인 보기이다.

**하우니**Hauni 담배 제조기 분야의 세계 1위 회사이다. 고속담배 제조기 시장의 90%를 차지하고 있으며, 세계의 모든 필터 달린 담배는 하우니가 개발한 기술로 만들어진다.

**테트라**Tetra 열대어를 기르는 사람이면 누구나 테트라민 Tetramin을 알 것이다. 세계 열대어 먹이 시장에서의 테트라의 시장점유율은 50%에 이른다.

**바더**Baader 생선 처리장비fish-processing equipment 분야의 세계

챔피언이다. 세계시장 점유율이 90%이며, 러시아의 블라디보스토크에서도 이 회사의 제품을 쉽게 살 수 있다.

**베바스토**Webasto 자동차의 선루프 및 보조난방시스템 시장에서 다른 회사들을 압도하고 있다.

**힐레브란트**Hillebrand 세계에서 가장 큰 와인탁송회사이다. 세계시장의 60%를 점유하고 있으며, 세계 60개국에 사무소가 있다.

수출대국 독일의 진정한 공로자라고 할 수 있는 이들을 지몬은 '숨은 세계 챔피언들Hidden Champions'이라고 부르며, 이들의 전략과 기업문화를 자세히 연구했다. 중소기업이 아직 제자리를 잡지 못한 우리나라 기업들에게 시사하는 바가 크다.


## 야심 찬 목표

숨은 챔피언들은 매우 야심 찬 목표를 추구한다. 이들이 추구하는 목표 가운데 가장 대표적인 것은 시장에서의 지도적 위치market leadership이다. 그러나 어떤 회사들은 시장점유율이 아닌 품질이나 기술에서 1위가 되려고 한다. 또는 시장의 행동규범을 스스로 정하는 것, 즉 일종의 심리적인 시장선도psychological market leadership를 목표로 내세우기도 한다. 예를 들어, 호흡보호

기술 분야의 세계최고 회사인 드래거Drager는 기술과 마케팅에서 업계를 선도하는 것을 목표로 삼고 있다.

이와 같이 이들은 명확하고 원대한 목표를 세운 다음, 이것을 회사의 모든 구성원에게 정확히 알리고, 목표달성을 하기 위해 오랜 세월에 걸쳐 물러서지 않고 철저히 노력하고 있다.

## 전략적 초점

또 숨은 챔피언들은 명확한 '집중전략'을 쓰고 있다. 이들은 "우리는 ○○분야의 전문가다", "우리는 작은 시장의 거인이 되려고 한다", "우리는 다른 업종을 넘보지 않는다" 라고 말한다. 즉, 이들은 자기 회사의 핵심적인 강점에 집중하며 그것을 지속적으로 개선하고 있다. 그 결과, 그러한 강점은 이 회사들의 믿음직스러운 전략적 경쟁우위가 되고 있다.

## 세계화

숨은 세계 챔피언들은 그들의 전문화된 제품 및 기술정보(노하우)를 전 세계에서 팔고 있다. 즉, 제품·노하우에서의 전문성과 지역적인 의미에서의 넓은 마케팅 활동을 결합하는 것이 그들의 전략의 두 기둥이다.

당연히 철저한 국제화의 바탕 위에서만이 이러한 전략이 성공할 수 있다. 그래서 이들은 해외에 평균 10개의 자회사를 두고 있는데, 중소기업 치고는 매우 많은 수이다. 예를 들어, 혈액투석기血液透析器, diayzer 분야의 세계적인 회사 프레제니우스Fresenius는 해외에 무려 50개 이상의 자회사를 거느리고 있다.

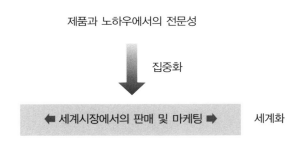

숨은 세계챔피언들의 전략의 두 기둥

### 고객과 가깝다

숨은 챔피언들은 마케팅 전문가는 아니지만 고객지향정신은 대기업보다 더 강하다. 예를 들어, 고객과 직접 접촉하고, 고객의 욕구와 필요를 더 잘 아는 이들 회사 직원들의 비율은 대기업보다 훨씬 높다.

그로만-엔지니어링Grohmann-Engineering은 마이크로전자기구microelectronic devices를 조립하는 장비를 생산하는 세계적인 회사다. 이 회사는 전 세계의 상위 30개 회사들에 마케팅 활동을 집중하고 있다. 인텔, 모토롤라, 노키아Nokia, 에릭슨Ericsson 등 내로라 하는 회사들이 모두 이 회사의 고객이다.

병에 상표 딱지를 붙이는 기계를 생산하는 크로네스Krones는 세계시장의 80%를 차지하고 있는데, 이 회사의 회장은 고객의 문제를 가장 잘 아는 정비공들이 반드시 개발팀과 교류하도록 하고 있다. 이러한 회사들에서는 생산부서의 직원들이 서비스도 하는 경우가 많은데, 그래서 직접 고객과 접촉하게 된다.


## 높은 혁신성

숨은 세계 챔피언들은 대단히 혁신적이다. 이들에게 혁신이란 제품과 공정을 의미하는데, 이들은 어떤 획기적인 혁신을 추구하기보다는 꾸준히 조금씩 제품과 공정을 개선하는 데 주안점을 두고 있다. 즉 '티끌 모아 태산'이 되듯이 조그마한 개선이 쌓여서 완벽에 이르게 된다는 것이 이들의 생각이다.

## 시장과 기술의 통합

또 하나 두드러진 특징은 시장과 기술에 비슷한 비중을 둔다는 것이다. 즉, 지나치게 시장에만 치우치지 않으며, 동시에 기술의 힘만 맹신하지도 않는다. 따라서 대기업에서 흔히 볼 수 있는 기술 편향 또는 시장 편향의 흠이 없다. 그래서 신제품을 개발할 때에는 마케팅 부문과 연구개발·제조 부문이 서로 비슷한 정도의 영향을 미친다고 한다. 즉, 이들은 기술중시 회사인 동시에 시장중시 회사인 것이다.


## 뚜렷한 경쟁우위

숨은 세계 챔피언들은 경쟁사들과 치열한 경쟁을 하고 있다. 때때로 강력한 경쟁사들은 지리적으로 멀리 떨어져 있지 않으며, 심지어는 같은 동네에 있는 경우도 있다. 예를 들어, 드라고코Dragoco와 하르만앤라이머Haarmann & Reimer는 모두 세계적인 향료 회사들인데, 이들의 본사는 모두 홀츠민덴에 있다. 또 외과기구 분야의 세계 굴지의 회사들은 대부분 튀틀링겐 지역에 몰려 있다.

이러한 치열한 경쟁 환경 속에서는 세계 최고수준을 달성한 회사들만이 살아남으며, 그런 회사들은 예외 없이 뚜렷한 경쟁우위를 갖고 있다. 숨은 세계챔피언들은 대개 제품의 품질, 서비스, 고객지향정신 등의 면에서 경쟁사들을 압도하고 있는데, 어느 시장에서나 이 세 가지를 다 갖춘 회사를 이기기는 무척 어렵다.

## 스스로의 힘에 의존한다

전략적 제휴가 하나의 유행처럼 된 이 시대에 이 회사들은 스스로의 힘과 능력에만 의존하려는 경향이 강하다. 그래서 생산, 연구개발 분야에서는 물론이고 해외시장에 들어갈 때도 되도록 남의 힘을 빌리지 않으려고 한다. 이러한 태도를 취하는 이유는 품질관리를 철저히 하고 회사의 기술정보를 보호하기 위함이다. 이들은 근본적으로 다른 사람들이 자신들의 문제를 풀어줄 수 있다고 생각하지 않는다.

## 종업원들의 애사심이 강하다

숨은 세계 챔피언들의 직원들은 회사와 자신을 동일시하는 경향이 강하며, 일에 대한 열정을 갖고 있다. 이러한 높은 동기유발 상태를 강화하기 위해 이 회사들은 대체로 사람을 적게 쓴다. 그리하여 늘 사람보다 일이 많다. 또한 이들은 수습기간 동안 수습사원들을 아주 엄격하게 관찰하고, 그 결과를 바탕으로 정규직원들을 엄선한다. 이런 과정을 거쳐 뽑힌 직원들의 결근률과 이직률이 상대적으로 낮은 편이다. 회사 내부의 갈등도 대기업보다 훨씬 적다. 임직원들은 튼튼한 유대관계를 유지하고 있다.


## 강한 지도력


숨은 세계 챔피언들의 최고경영자는 강한 개성의 소유자들이며, 이들은 비전과 카리스마적 권위를 갖고 있다. 이들은 이러한 권위를 바탕으로 회사가 추구하는 근본적인 가치를 조직 내에 스며들게 한다. 그러나 이들은 그러한 가치를 실제로 실행하는 면에 있어서는 매우 너그럽다. 즉, 아랫사람들이 융통성을 많이 발휘할 수 있도록 한다. 또 최고경영자의 재임기간은 평균 22년이나 되므로 경영층의 연속성은 상당히 높은 편이다.

지금까지의 이야기를 간추리면, 우리는 숨은 챔피언들의 기업문화를 다음 그림처럼 세 개의 원으로 이루어진 동심원에 넣어서 나타낼 수 있다. 그 핵심에는 강한 지도력이 있으며, 그것은 '야심 찬 목표'의 형태로 스스로를 드러낸다.

숨은 챔피언들의 세 개의 원과 기업문화

이 핵심에서 발전되어 나오는 두 번째 원은 내부역량이라 할 수 있다. 이것의 구체적인 내용은 '스스로의 힘에 의존', '지속적인 혁신', '기술과 시장에 대한 균형감각' 그리고 '애사심이 강한 종업원들'이다.

이러한 내부의 힘은 외적 강점으로 전환된다. 이것은 '전략적 시장집중', '고객지향정신', '뚜렷한 경쟁우위' 그리고 '세계화'의 형태를 띠고 있다. 이러한 기업문화의 여러 요인이 어우러져 종합적으로 나타난 결과가 바로 세계시장 제패이다.

## 02
# 혁신의 걸림돌을
# 과감히 없애라

　혁신에는 늘 저항이 따른다. 슘페터의 말대로, 혁신이란 현재 있는 것을 창조적으로 파괴하는 것이기 때문이다. 그래서 대부분의 기업에는 혁신으로 인한 변화를 그리 달가워하지 않는 사람들이 있다. 혁신에는 불안과 불확실성이 따르게 마련이므로, 저항이 있는 것은 어떤 면에서는 이해할 만하며, 어쩌면 당연한지도 모른다.

　과거의 성공은 흔히 혁신의 가장 큰 적이다. 기업이 과거에 시장에서 잘해왔을수록 여러 가지 걸림돌이 있으며, 그만큼의 성공을 가져오지 못할 위험도 크다. 따라서 혁신을 하려면 기존의 관습과 성공법칙을 과감히 버려야 한다. 이것은 정말 말이 쉽지, 실제로는 무척 어렵다. 그래서 이렇게 말하는 사람도 있다.

>   새로운 관습을 받아들이는 것은 쉽다. 그러나 기존의 관습을 버리는 것은 참으로 영웅적인 업적이다.   

또한 처음 성공을 거두는 것보다는 화려한 성공의 길을 계속 가는 것이 더 힘들다. 왜냐하면 그럴 때 혁신에 대한 저항이 더 크기 때문이다. 빛나는 역사를 가진 미국의 철도회사들은 왜 항공회사들과 경쟁을 벌이지 않았을까? 왜 70년대 말에 필름회사들은 비디오 사업에 진출하지 않았을까? 왜 독일의 유명 제약회사들은 80년대에 유전공학제품을 만들지 않았을까?

대답은 간단하다. 현재 잘되는 사업을 건드리고 싶지 않았기 때문이다. 하지만 그 잘되던 사업은 지금은 어떻게 되었는가? 고정관념을 깬 혁신에 밀리고 말았다.

끊임없이 현재의 자신에 대해 의문을 가지고, 때에 따라서는 혁신적인 제품·전략·방식으로 공격하는 회사만이 장기적으로 살아남는다. 끝없이 쫓고 쫓기는 것이 바로 자본주의 시장경제다. 현실에 안주하고 오늘의 성공에 만족하는 회사는 반드시 쇠퇴하게 마련이다. 시장을 경쟁사에 내주기보다는 스스로를 혁신하여 그것을 차지하는 것이 훨씬 지혜롭다.

그러나 이렇게 자신을 끊임없이 새롭게 변화시키는 작업을 체계적으로 하는 회사는 그다지 많지 않다. 왜냐하면 언뜻 보아 안정되고 큰 문제가 없어 보이는 현재의 사업을 잘 유지하는 것

242

이 더 편하다. 하지만 경영자는 넓은 시야로 끊임없이 새로운 기회를 모색하고 포착해야 한다.

그래서 지몬은 그 어느 때보다도 혁신이 중요시되는 이 시대에 경영자들에게 혁신의 걸림돌을 과감히 제거하라고 역설했다. 그는 구체적으로 이런 일이 일어나지 않도록 주의할 것을 당부했다.

- 조직이 지나치게 기존 업무의 틀에 박혀 있다. 경우에 따라서는 프로젝트팀 또는 혁신추진팀을 만들어라.
- 직원들의 보직을 너무 자주 바꾼다. 이럴 때 단기적으로 생각하는 풍토가 생긴다. 혁신을 하려면 길게 보는 눈이 필요하다.
- 보수적이고 잘 순응하는 부하를 편애하고 승진에 특혜를 준다.
- 제품·시장 또는 기능부서가 지나치게 세분화되어 분리된다. 하지만 사람은 여러 가지 다른 측면을 종합적으로 볼 수 있을 때 창의력을 더 잘 발휘하게 되어 있다.
- 관습적으로 생각하고 행동하는 분위기가 퍼진다. 가끔씩 조직의 형태를 바꿔라.
- '의미 있는' 실패에 대해 제재를 가한다. 이렇게 되면 '실패의 회피'가 직원들의 행동기준이 되며, 그런 상황에서는 혁

신성이 사라질 것이 뻔하다.
- 혁신으로 불이익을 받는 사람을 궁지에 몰아넣는다. 이것은 미래의 혁신 훼방꾼을 키우는 행위이다.

그러나 걸림돌을 제거하는 것만으로는 부족하다. 그래서 지몬은 회사의 창의력을 높이기 위해, 경영자가 "창의적이고 혁신성이 있는 종업원을 관리하는 방법"을 배워야 한다고 이야기하고 있다.

이것은 생각보다 어렵다. 이와 관련하여 지몬은 IBM의 토마스 왓슨 회장의 말을 인용하고 있다.

> 나는 내가 좋아하지 않는 사람을 승진시키는 데 망설인 적이 없다. 오히려 조금 반항기가 있고 약간 참기 어려운 유형의 사람들을 눈여겨봐왔다. 회사가 그런 사람들을 충분히 확보하고 그들을 끌어안을 아량이 있으면, 그 회사의 장래는 무한히 밝다.

- 혁신의 목표를 명확히 하고(예를 들면, 매출액의 몇 퍼센트), 그것을 달성하기 위해 노력한다.
- 열린 커뮤니케이션 문화를 정착시켜라.
누가 말했고, 누구 의견이 더 나은가 하는 것을 생각하지 않고 철저하게 건설적인 토론을 계속하는 문화는 기업의 매우 훌륭한 경쟁우위의 원천이 된다.

지몬은 경영자가 진정으로 혁신을 원한다면, 일체의 선입견과 편견을 버리고 누구에게나 배울 수 있다는 열린 마음, 겸손한 마음을 가져야 한다고 말하고 있다.

# 03

# 변화경영

오늘의 시장환경은 많은 기업에게 과감히 변신할 것을 요구한다. 한때 번창하던 회사가 시대의 변화에 맞춰 재빨리 변신하지 않았기 때문에 쇠퇴의 길로 들어선 경우는 우리 주변에 수없이 많다. 그래서 지몬은 변화경영에 관해 핵심적인 도움말을 경영자들에게 주고 있다.

66 변화를 일으키는 작업은 가능하면 빨리 추진해야 한다. 그러한 작업은 언제나 우리가 예상했던 것보다 훨씬 많은 시간이 걸린다. 빨리 시행할수록 변화에 반대하는 세력이 이길 확률은 줄어든다. 우리는 이런 것을 변화경영이라고 불러도 좋을 것이다."

"변화는 언제나 창조적인 파괴다. 옛것을 부수지 않는 한, 새것을 세울 수 없다. 보존해야 할 옛것은 살리되, 없어져야 하는 옛것은 과감히 없애야 한다. 폐허 위에서는 튼튼한 새집을 지을 수 없다. 오로지 기초를 잘 닦은 새로운 터전 위에서만 그런 집을 지을 수 있다."

"변화를 가져오려면 어느 정도 인심을 잃을 각오를 해야 한다. 심각하게 변화를 추진하는 사람은 중상모략과 비방에 익숙해져야 한다. 그러려면 용기와 내적인 독립심이 필요하다. 그러나 사람들은 이 얘기 저 얘기에 흔들리는 귀가 얇은 사람을 존경하지는 않는다. 그들은 강인함과 추진력을 더 높이 평가한다."

"변화를 일으키는 데 있어서 커뮤니케이션의 중요성은 아무리 강조해도 지나치지 않다. 끊임없이 그리고 되풀이해서 변화의 메시지를 전해야 한다. 경영자가 아무리 같은 말을 되풀이해도 듣는 사람은 어쩌다 한 번 듣는 것이다. 무엇보다도 경영자는 일관성 있는 행동으로 변화의 모범을 보임으로써 종업원들에게 확신을 줘야 한다. "

오늘날 기업은 끊임없이 변화해야만 성공할 수 있다. 이런 의미에서 변화경영은 반짝하고 한 번만 도약하는 것이 아니다. 그것은 끝없는 긴 행군이라고 지몬은 힘주어 말하고 있다.

# 04

# 기업문화의 중요성

지몬은 기업문화에도 지대한 관심을 갖고, 이 분야에 관해 좋은 글을 많이 썼다. 그가 기업문화를 중시한 까닭은 "훌륭한 회사와 평범한 회사를 구분짓는 것은 기계나 공장, 조직구조 등이 아니라 기업문화다"라고 생각했기 때문이다. 이와 관련하여 그는 전후 독일의 아주 성공적인 기업가 라인홀트 뷔르트Reinhold Wurth의 다음과 같은 말을 인용한 바 있다.

    ❝최신 장비와 시설을 갖춘 환경에서 동기유발이 되지 못한 직원들이 일할 때보다, 비록 기계는 낡고 공장은 허름할지라도 직원들이 신나게 일할 때가 효과와 효율 면에서 훨씬 낫다.❞

지몬은 기업문화의 중요성을 강조하기 위해 몇 가지 사례를 인용했다.

일본의 스미토모Sumitomo는 독일과 유럽에 있는 던럽Dunlop의 타이어 생산공장을 인수한 후 커뮤니케이션, 협동, 관리에 많은 힘을 기울인 결과, 생산성을 100% 이상 향상시킬 수 있었다. 스미토모는 커뮤니케이션과 협동에 특히 역점을 두었으며, 종업원들에게 '회사에 좋은 것은 직원들에게도 유익하다' 라는 생각을 심어주려고 애썼다고 한다.

독일에서는 중소기업에서 일하는 사람들이 대기업의 직원들보다 일을 더 많이 한다. 그럼에도 불구하고 중소기업에서의 결근이나 병가는 대기업의 절반밖에 안 된다. 뿐만 아니라 직원들의 회사에 대한 충성심도 중소기업이 훨씬 높다.

1983년 일본의 도요타Toyota와 미국의 제너럴 모터스GM가 합작하여 미국의 캘리포니아 주 후레몬트에 설립한 NUMMI New United Motor Manufacturing Inc.는 매우 성공적인 합작사업의 본보기이다. 이 회사를 통해 제너럴 모터스는 일본의 뛰어난 생산기술을 배울 수 있었으며, 도요타는 미국인 노동자들을 다루는 솜씨를 익혔다. NUMMI가 경영을 시작한 이후, 후레몬트 공장을 제너럴 모터스가 운영했을 때에 비해 생산성이 100% 가까이 올랐으며, 제품의 품질도 크게 향상되었다. 결근률은 20~25%에서 3~4%로 떨어졌으며, 노동자들의 불만 건수도 크게 줄었다고 한다. 그 결과 종업원들의 90%가 회사에 만족 또는 크게 만족하고 있다고 답했다.

이러한 사례들은 기업문화가 자리잡힌 회사와 그렇지 못한 회사 간에 벌어지는 차이는 어떠한 합리화 조치로도 메울 수 없다는 것을 보여준다. 즉, 기업문화와 경영효율은 서로 역행하는 것이 아니라 상호보완적인 것이다. 이러한 관계를 일본의 한 경영자는 다음과 같이 표현했다.

> 66 이상적으로는 근로 의욕, 생산성, 임금이 모두 높은 것이 좋다. 이것이 근로 의욕, 생산성, 임금이 낮은 것보다 한결 낫다. 99

회사의 효율 및 성과와 밀접한 정비례 관계에 있는 기업문화의 중요성은 앞으로 더욱 커질 것이라고 지몬은 말한다. 왜 그럴까?

먼저 그림 하나를 보자. 사회 전반적으로 소득수준이 낮을 때 사람들은 어떤 회사라도 빨리 취직하여 일단 기본욕구를 충족하려는 경향을 보인다. 그러다가 생활수준이 차츰 올라가면서 좀더 안정된 직장, 물리적 · 심리적인 면에서 좋은 직장 분위기를 갖춘 회사를 찾게 된다. 이 단계를 넘어서면 사람들은 직장생활의 목적을 자아실현에 두게 되고, 갈수록 그것이 실현 가능한 기업문화를 가진 회사를 강력히 선호하게 된다.

250

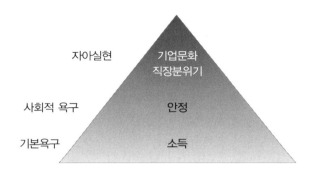

**직장에서의 욕구 단계**

　기업문화가 더욱 중요해지는 또 다른 이유는 조직의 변화이다. 앞으로 조직은 점점 더 수평적인 구조, 편평한 형태로 변화될 것이다. 그런데 조직의 구조가 수평적이고 편평해질수록 통제의 폭이 늘어나게 된다. 이렇게 되면 통제에 의한 관리보다는 신뢰, 기업문화에 의한 관리가 요구된다. 이것은 직원들이 스스로 구체적인 의사결정을 내릴 수 있도록 명확하고도 근본적인 가치관과 목표가 주어져야만 가능하다.

　예컨대, 교향악단, 병원, 파트너끼리 운영하는 회사(법률 회사, 컨설팅 회사, 회계법인) 등은 통제의 폭이 상당히 넓음에도 불구하고 그 기능을 제대로 발휘하고 있다. 그것은 조직의 구성원들이 이미 근본적인 가치관, 임무, 목표 등을 잘 알고 있기 때문이다. 이렇듯 조직이 편평해지고 분권화될수록 기업문화도 더욱 중요해질 것이 분명하다.

# 05

# 중도中道의 경영

기업경영을 하다 보면 경영자는 도저히 동시에 언급될 수 없을 것 같은 주장이나 이론, 철학 등을 조정해야 할 경우가 많다. 즉, 경영자는 양립할 수 없어 보이는 견해들을 잘 정리하여 좋은 타협안을 내놔야 하는 상황에 끊임없이 처한다. 예를 들어, 뒤에서 논의할 집권화와 분권화에 대한 선택의 문제는 이런 조정능력을 필요로 하는 전형적인 경영과제이다. 그리고 이러한 딜레마를 얼마나 잘 처리하느냐는 경영자로서 능력의 중요한 지표이다.

이러한 문제는 워낙 골치가 아프기 때문에 경영자들은 흔히 단순 명료한 해답을 찾게 된다. 또한 경영이론가들은 시대의 흐름에 따라 단순하면서도 일방적인 해결방안을 내놓는 경향이 있다. 그들은 시류에 맞춰 더 분권화될수록, 더 고객지향적일수록,

더 빠를수록, 더 환경친화적일수록, 더욱 좋다고 이야기한다. 그리고 이러한 처방책은 흔히 상호배타적인 '이것 아니면 저것'의 형태를 띠고 있다. 가격 아니면 품질, 상의하달 아니면 하의상달, 원가 위주 아니면 차별화 중시 등등.

문제는 세상일이 그렇게 단순하지가 않다는 것이다 양쪽의 견해 모두 장점과 단점을 가지고 있다. 예를 들어, 권한의 분산과 집중의 문제를 보자. 현대의 경영은 몇 가지 이유로 분권화分權化의 방향으로 나아가고 있다. 또 그래야 한다.

- 대체로 지금처럼 환경이 빨리 변하는 때에는 시간효율에 관한 한 '재빠른 중소기업'이 유리하다. 따라서 대기업의 경우, 의사결정 및 시행에서 시간효율을 높이기 위한 한 방법으로 과감한 분권화를 고려할 필요가 있다.
- 이제는 고객만족이 모든 기업의 주요한 성공요인이다. 또 고객은 사무실이 아닌 현장에 있다. 따라서 비교적 고객과 가깝고 고객을 잘 아는 현장관리자가 적극적으로 고객을 만족시킬 수 있도록 그에게 상당한 권한을 주는 것이 좋다.
- 미국의 세계적인 경영사학자 알프레드 챈들러Alfred Chandler 교수는 다음과 같이 말한 바 있다. "세계무대에서 경쟁하려면 기업의 규모가 커야 한다."

254

그러나 기업이 커질수록 대기업병 또는 대기업의 경직화라는 현상이 생긴다. 그것은 또 경쟁력의 약화로 이어진다. 따라서 대기업의 장점을 살려가면서 작은 회사에만 있을 수 있는 에너지를 활성화시키는 것이 중요하다. 이때 분권화는 좋은 방법의 하나이다.

분권화가 지나치면 또 그 나름대로의 문제가 생긴다. 예를 들어, 산업재 시장에서는 사는 쪽과 파는 쪽이 협상을 통해 가격을 정하는 때가 많다. 이때, 판매원 또는 일선 부서에게 값을 정하는 권한을 전부 이양하면, 회사의 성과가 떨어지는 경향이 나타난다. 판매원이 주문을 받기 위해 쉽게 양보하기 때문이다. 판매원들은 판매 커미션이 공헌마진contribution margin에 비례하는 경우에도, 비싸게 불러서 못 파느니 싸게 불러서 거래를 성사시키는 것이 더 낫다고 생각한다.

위의 경우는 한 예에 불과하지만, 실제로 분권화가 지나치면 이렇게 회사 전체의 이익을 극대화하지 않는 방향으로 의사결정이 내려지는 경우가 많다. 이밖에도 지나친 분권화는 일관성의 결여, 불충분한 조정, 혼돈chaos 등의 문제를 일으킬 수 있다.

또한 집권화는 회사의 공통된 비전을 달성하고 시너지 효과를 실현하며, 공동의 자원을 더 잘 활용할 수 있게 해주는 등의 장점이 있다. 동시에 이것은 고객의 욕구를 무시하고, 경직성과 관료화를 조장하는 폐단이 있다. 따라서 분권과 집권의 적절한 균형점을 찾는 것이 중요하다.

두 극단을 떠나야 한다는 이러한 생각은 경영의 다른 많은 분야에도 적용된다. 그렇다고 해서 이것이 안이하게 50:50의 타협안을 취하라는 말은 절대 아니다. 중요한 것은 기업의 구성원 모두를 조금씩 어느 정도 만족시키는 것이 아니다. 양쪽의 이점을 최대한 살리면서 각 극단의 폐단을 멀리하는 방안을 찾아야 한다.

이런 문제를 접근할 때 경영자는 욕을 먹지 않겠다는 정치적인 생각보다는, 회사의 목표를 염두에 두고 최선의 의사결정을 내리겠다는 자세가 필요하다. 그러려면 무엇보다도 옳은 길은 오로지 하나라는, 즉 '이것 아니면 저것'이라는 흑백논리를 버리고, 다른 쪽의 극단을 재해석함으로써 양쪽을 다 끌어안는 여유와 너그러움이 요구된다. 현대의 기업이 필요로 하는 경영패러다임은 '이것 아니면 저것either or'의 틀이 아니라 '이것도 저것도both'의 철학이라고 지몬은 힘주어 말하고 있다.

기업은 고객지향적이면서 동시에 기술지향적이어야 한다. 전략은 외부의 기회와 내부의 자원에 모두 초점이 맞춰져야 한다. 혁신은 제품 및 과정을 겨냥해야 한다. 시장은 동시에 좁게도(기술, 고객집단) 넓게도(지역, 세계시장) 정의할 수 있다. 기업은 효과(장기)와 효율(단기) 모두를 목표로 삼아야 한다.

이처럼 지몬은 오늘날의 기업이 진정으로 필요로 하는 경영은, 정반대의 주장과 이론에서도 긍정적인 부분, 보완적인 부분을 발견하고, 그것을 바탕으로 '이것도 저것도'의 경영철학을 실천하는 중도의 경영이라고 강조하고 있다.

## 미래의 리더들에게 헤르만 지몬이 건네는 말

강력한 경쟁자 없이 세계초일류가 되는 경우는 거의 없다.

가격책정의 핵심은 차별화이다.

약점이란 것은 본래 없고, 개선의 여지만 있을 뿐이다.
약점이란 개선할 수 없다고 믿기 때문에 생긴다.

simon hermann

8

의사결정의 본질을 이해한

# 이병철

깊이 생각한 후에
결정하고
과감하게 시행하라

●

●

**19**87년 11월 19일 세상을 떠난 한국의 삼성그룹 창업자 호암 이병철(1910~ 1987)은 누가 뭐라고 해도 20세기의 한국이 낳은 자랑스러운 세계 최고 수준의 경영자이다. 그는 일본의 이름을 세계에 떨친 소니의 모리타 아키오 회장이나 마쓰시타전기의 마쓰시타 고노스케 같은 아시아의 세계적인 CEO뿐만 아니라 81년 이후 약 20년간 세계를 매료시킨 GE의 잭 웰치 회장 같은 서양의 대표적인 경영자에 비해서도 전혀 손색이 없는 경영의 달인이었다.

특히 그가 1969년에 설립한 삼성전자는 세계 정상의 대기업인 미국의 인텔이나 IBM보다도 더 많은 이익을 내는 초일류 기업으로 성장하여 우리 국민들에게 큰 자부심을 안겨주고 있다. 삼성전자는 지멘스, 소니, 필립스 같은 세계 굴지의 다른 전자회사들을 규모 면에서 이미 압도하고 있다. 이러한 찬란한 경영유산을 후대에 물려준 호암 이병철식 의사결정의 정수를 짚어본다.

1987년 11월 19일 세상을 떠난 한국의 삼성그룹 창업자 호암 이병철은 누가 뭐라고 해도 20세기의 한국이 낳은 세계 최고수준의 자랑스러운 경영자이다. 그는 일본의 이름을 세계에 알린 소니의 모리타 아키오盛田昭夫 회장이나 마쓰시타전기의 마쓰시타 고노스케 같은 아시아의 세계적인 CEO뿐만 아니라, 1981년 이후 약 20년간 세계를 매료시킨 GE의 잭 웰치 회장 같은 서양의 대표적인 경영자와 비교해서도 전혀 손색이 없는 경영의 달인이었다.

특히 그가 1969년에 설립한 삼성전자는 세계 정상의 대기업인 미국의 인텔이나 IBM보다도 더 많은 이익을 내는 초일류기업으로 성장하여 우리 국민들에게 큰 자부심을 안겨주고 있다. 2005년 12월 말 현재, 이 회사의 시가총액은 약 1천72억 달러로 세계 35위이다. 삼성전자는 지멘스(831억 달러, 58위), 소니(463억 달러, 143위), 필립스(444억 달러, 148위) 같은 세계 굴지의 다른 전자회사들을 규모 면에서 이미 압도하고 있다.

뿐만 아니라 삼성의 거의 모든 계열사들은 적어도 국내시장에서는 해당 분야에서 1위의 위치를 차지하고 있으며, 최근에는 삼성 출신의 임직원들을 여기저기서 모셔가려는 진풍경도 벌어지고 있다. 삼성에서 훈련받은 사람들의 능력을 업계가 높이 평가하기 때문이다.

이러한 찬란한 경영유산을 후대에 물려준 호암 이병철이 우리에게 가르쳐준 경영의 정수를 짚어보는 것이 이 글의 목적이

다. 특히 매우 중요한 전략적 결정을 내려야 하는 경영자들이나
인재개발에 관심이 많은 경영자들 그리고 조직관리에 어려움을
겪고 있는 경영자들은 그에게서 참으로 많은 것을 배울 수 있다.
호암은 이러한 분야들에서 뛰어난 최고경영자의 전범典範을 보여
주었다.

# 01

# 널리 듣고
# 홀로 골똘히 생각한다

경영자의 가장 본질적인 기능은 의사결정이다. 경영자가 크고 작은 의사결정을 제때에 제대로 하기만 하면, 회사는 잘 굴러가게 되어 있다. 따라서 기업경영의 관점에서 보면 경영자가 늘 맑은 정신으로 현상을 정확히 파악하고, 그러한 이해의 바탕 위에 지혜로운 결정을 내리는 것이 중요하다. 이러한 점을 염두에 두고 호암의 생애를 살펴보면, 우리는 그의 독특한 의사결정 스타일, 결정을 내린 후의 과감한 시행 그리고 의사결정의 수준 등에 주목하게 된다. 먼저 그의 의사결정 스타일을 보자.

## 의사결정 스타일

호암은 중요한 의사결정을 내리기 전에 매우 다양한 원천으로부터 최고수준의 정보를 모으는 데 힘을 기울였다.

일제 강점기 때 마산에서 정미소 사업을 시작하여 어느 정도 성공을 거둔 호암은 운수업과 부동산에 투자하여 200만 평의 농토를 가진 대지주가 된다. 그러나 1937년에 중일전쟁이 터지자 대출금 회수를 위한 일본 정부의 비상조치로 말미암아 그는 갖고 있던 논밭을 싸게 팔아 은행 빚을 갚아야 했다. 이렇게 몰락한 그는 국내의 주요 도시는 물론 만주와 중국 본토의 여러 지역을 둘러보고 청과물, 건어물, 잡화를 취급하는 무역업이 유망하다는 결론을 내린다. 그는 교통사정이 아주 나빴던 젊은 시절부터 시장이 있는 현장을 직접 방문하고 치밀한 사전조사를 하는 습관이 몸에 배어 있었다.

1938년에 대구에서 삼성상회라는 무역회사를 설립하여 무역업을 시작한 호암은 6.25사변을 겪으면서 제조업에 관심을 갖게 된다. 그는 어떤 물건을 생산할 것인지를 결정하기 위해 철저한 사전조사를 한다. 그 결과 설탕, 페니실린, 종이의 세 가지로 대상품목이 압축된다. 그중 페니실린이 가장 유망해보였으나 생산기술을 배우기가 어려웠고, 종이도 사정이 비슷했다. 설탕의 경우에는 수입해서 파는 것이 낫다는 임원들의 의견이 많았다.

이렇게 조사자료나 남의 의견만 갖고 판단하기 어려울 때는 최고경영자의 직관이 중요하다고 호암은 말했다. 다만 그러한 직관은 치밀한 계획, 풍부한 경험 그리고 철저한 조사를 바탕으로 한 것이어야 한다고 했다. 호암은 결국 설탕을 만들어 팔기로 결정하고, 1953년 6월 제일제당을 설립한다.

1980년부터 반도체에 관심을 갖기 시작한 호암은 미국과 일본의 반도체 전문가들을 수도 없이 만났다. 국내의 전자산업 전문가들을 초청하여 그들의 의견도 경청했다. 또한 일본과 미국에서 나온 관련 자료를 닥치는 대로 구해서 읽었으며, 1982년에는 반도체 산업의 본고장인 미국을 방문하여 미국 유수 기업들의 생산현장을 돌아보았다. 그곳에서 그는 '반도체 진출은 늦을수록 뒤진다'는 생각을 굳히고 현지에서 본사에 전화를 걸어 사업계획을 수립하라 지시한다.

자신에게 폐암이 있다는 사실을 알게 된 1986년 5월 이후, 호암은 1년여에 걸쳐 매우 체계적이고 합리적으로 병과 맞서 싸운다. 먼저 여러 치료방법을 의료진이 체계적으로 검토하여 방사선 치료를 하기로 결정한다. 이어서 세계의 어느 나라, 어느 병원이 어떤 암을 방사선으로 잘 치료하는가를 철저히 조사한 후 그 결과를 본 다음, 주치의와 상의하고 본인이 최종결정을 했다고 한다.

이상의 사례에서 보다시피 호암은 큰일을 하기 전에 많은 정보를 모으고 널리 들었다. 이렇게 열린 마음으로 다른 사람의 말에 귀를 기울이는 최고경영자의 태도는 기업문화, 더 나아가서는 회사의 성패에 적지 않은 영향을 미친다. 좋은 예를 우리는 미국의 대표적인 할인점인 월마트가 막강한 경쟁사였던 K마트를 꺾은 이야기에서 볼 수 있다.

월마트의 회장이었던 샘 월튼Sam Walton과 데이비드 글라스David Glass는 부하들에게 문제점을 지적해달라고 당부했으며, 그들이 좋지 않은 소식을 숨기거나 제때 알려주지 않으면 크게 야단쳤다. 또한 이 회사의 간부들은 판매현장에서 많은 시간을 보냈으며, 그들 역시 부하들이 적극적으로 아이디어를 내게 했다. 특히 월튼은 늘 강력한 경쟁사가 바짝 뒤쫓아오고 있는 듯이 행동했으며, 공식석상에서도 월마트의 강점보다는 약점을 논하기 일쑤였다.

반면 K마트의 죠셉 안토니니Joseph Antonini 회장은 다른 사람들의 말을 귀담아 듣지 않고 비판과 변화를 특히 싫어했다. 그는 또한 그에게 도전할 만한 사람은 바깥에서 데려오지 않았으며, 외부 컨설턴트도 자기 마음에 안 드는 이야기를 하면 가차없이 꾸짖었다고 한다.

호암은 결코 귀가 얇지는 않았다. 아무런 편견이나 선입견 없이 여러 사람의 의견을 듣지만, 깊이 생각한 후에 궁극적으로 혼자 결정을 내렸다. 그래서 언뜻 보면 그의 결정에 가끔 일관성이 없어 보인다.

예를 들어, 그는 1970년대 초 전화교환대 사업에 진출하고 싶어 했으나, 전문가인 직원들이 반대하자 깨끗하게 포기했다. 그는 또한 평생 동안 음반감상과 수집에 상당한 취미가 있어 1965년과 1970년 두 차례에 걸쳐 음반회사를 설립하고자 했다. 그러나 시장조사를 맡았던 담당부서가 수익성이 별로 없다는 보고서를 올리자, 그는 매우 아쉬워하면서도 부하직원들의 의견을 받아들였다.

반면에 반도체 사업을 경험한 사업가들이 호암을 만날 때마다 반도체 사업에서 손을 뗄 것을 권장했지만, 그의 결심은 흔들리지 않았다. 불교의 《아함경》에는 "홀로 고요한 곳에서 골똘히 생각하라獨一靜處 專精思惟"라는 말이 수없이 되풀이되는데, 호암은 바로 이러한 사유의 과정을 꼭 거친 후에 결정을 내렸다. 그래서 어떤 때는 그가 주변의 말을 듣는 것 같기도 하고, 또 어떤 때는 그들의 의견을 무시하는 것처럼 보이기도 했다. 하지만 그가 골똘히 생각한 후에 내린 결정이라는 점에서는 다 똑같다. 또한 깊이 생각하고 내린 결정이기 때문에 호암은 그것에 확신을 갖고 과감하게 밀고 나갈 수 있었다.

## 결정사항의 시행

어려운 과정을 거쳐 일단 결정을 내리면 호암은 흔들림 없이 그것을 아주 강하게 추진해나갔다.

1983년 2월 6일 밤, 도쿄의 오쿠라 호텔 505호. 호암은 밤새도록 반도체 사업에 대해 생각에 생각을 거듭한다. 이윽고 새벽이 되자 그는 중앙일보 홍진기 회장에게 전화를 건다. 그리고 그에게 3월 15일을 기하여 삼성이 반도체 및 컴퓨터 산업에 뛰어든다는 것을 대내외에 공식적으로 알리라고 지시한다.

그후 삼성은 각고의 노력 끝에 이듬해인 1984년에 64KD램을 내놓는다. 그러나 그해부터 적자가 늘기 시작하더니 1987년까지 적자경영이 계속되어 1984년 이래 누적적자가 무려 1천159억 원에 이르렀다. 당시의 1천억 원이란 보통 큰 돈이 아니다.

그러나 호암은 삼성반도체통신이 천문학적인 개발 투자를 계속할 수 있도록 모든 지원을 아끼지 않았다.

어느 날 호암은 반도체 관련 직원들에게 점심을 같이하자고 연락했다. 식사 중에 반도체 얘기가 자연스럽게 나왔다. 누적적자가 1천200억 원에 가깝다는 것과 1메가D램의 공장 착공을 당장 하지 않으면 출하경쟁에서 뒤질 것이라는 이야기 등등. 그러자 호암이 단호하게 말했다.

"64K, 256KD램을 시장에 늦게 도입하여 큰 고생을 했는데

1메가D램의 공장 착공이 늦어지면 어떻게 하나? 내일 아침에 착공식을 합시다. 내가 기흥공장으로 가겠네."

이렇게 해서 1메가D램의 시장출하는 선진국보다 조금 늦기는 했지만 큰 차이는 없게 되었다.

그후 삼성반도체통신은 1988년에 1천649억 원의 이익을 내고 꾸준히 성장하여, 1995년에는 무려 2조 5천억 원의 이익을 올리기에 이르렀다.

이렇게 호암은 스스로가 내린 결정을 시행하는 과정에서 회사가 어려움에 처해 있어도 자신의 의지를 꿋꿋이 관철시켜 나갔다.


## 의사결정의 수준

우리는 지금까지 호암이 어떻게 중대한 의사결정을 하고 그것을 실천에 옮겼는가를 살펴봤다. 그러면 그가 내렸던 수많은 전략적 의사결정의 수준을 우리는 어떻게 평가해야 하나? 먼저 1950년대에 설탕과 모직을 만들어 팔기로 한 결정부터 생각해보자.

우리 사회에서는 한때 기업이 소비재를 만드느냐 생산재를 만드느냐에 따라 그 기업의 도덕성을 평가하려는 분위기가 있었다. 이에 대한 호암의 생각은 확고했다. 즉, 경제에는 발전단계가 있다는 것이다. 초기에는 생활필수품을 공급하는 소비재 산업과 경공업을 육성함으로써 국민들의 생활수준을 향상시키고, 경험과 기술능력 그리고 자본을 축적한다. 그러한 바탕 위에서 고도의 기술과 많은 자본이 소요되는 중화학공업이나 전자 등의 고도 기술산업으로 이행해야 한다는 것이 그의 지론이었다.

1950년대 한국의 경제적·기술적 여건을 생각하면, 그리고 귀중한 외화의 대부분이 공산품·소비재를 수입하는 데 쓰이고 있었다는 점을 고려하면 호암이 일상생활에 꼭 필요한 식품과 의류에 집중하기로 한 결정은 매우 훌륭한 것이었다. 호암이 수입 대체 산업을 일으킨 덕분에 한국은 많은 외화를 절약할 수 있었고, 국민들은 양질의 제품을 싸게 살 수 있었으며, 기업에는 상당한 기술력과 경영 노하우가 축적되었다.

이러한 과정을 거친 후, 60년대 말 호암은 기술, 노동력, 부가가치, 내수시장 규모, 수출전망 등 모든 면에서 전자 산업이야말로 당시의 한국에 가장 알맞은 산업이라고 결론을 내린다. 그래서 곧바로 전자 산업에 진출할 준비에 들어갔는데, 기존 업계에서 강력히 반발하고 나섰다. 그러한 반대를 물리치고 1969년 1월 출범한 삼성전자는 오늘날 우리 경제의 크나큰 버팀목이다. 흑백 TV 생산으로 출발한 삼성전자는 이어서 컬러 TV, VTR, 오디오, 냉장고, 에어컨 등을 생산한다.

그리고 앞서 언급한 대로 삼성은 1983년에 반도체 산업에 뛰어든다. 호암은 평소에 사장단의 의견을 늘 존중했다. 그런데 반도체 사업에 관한 한 호암은 사장단의 반대에도 불구하고 이 사업을 추진했는데, 그의 결심에 결정적인 영향을 미친 것은 이 정보였다고 한다.

> 66 철강은 톤당 340달러, 석탄은 40달러, 알루미늄은 3천400달러, 텔레비전은 2만 1천300달러, 반도체는 85억 달러, 소프트웨어는 426억 달러의 부가가치가 있다. 99

그가 세상을 떠나기 4년 전에 내린 이 결정도 멀리 앞을 내다볼 수 있는 눈을 가진 기업가만이 할 수 있는 것이었다. 그 눈은 오늘날까지 우리에게 엄청난 혜택을 주고 있다.

# 02

# 기술과 경영은
# 동전의 양면

호암은 이공계 출신은 아니지만 기술에 유달리 관심이 많았
으며, 매우 중시했다. 그는 언론사들과의 인터뷰에서 다음과 같
이 말했다.

"기술은 돈보다 중요하다."
"기술을 지배하는 자가 세계를 지배한다."

설탕 공장이나 모직 공장을 지을 때도 그는 제품생산을 위한
공정기술, 제품기술에 대해 열심히 묻고 배웠다. 따지고 보면 그
는 평생 동안 새로운 기술을 도입하고 새로운 기업을 일으킨 무
척 진취적인 기업인이었다. 제당·모직에서 가전·반도체에 이

르기까지 그는 끈질기게 경영과 기술, 기술과 경영의 두 문제와 씨름했다. 그에게 기술과 경영은 사실상 동전의 양면과 같았다. 그래서 호암은 일찍이 아래와 같은 기술도입의 4원칙을 세웠다.

> 1. 최고경영자는 솔선수범해서 적극적으로 기술을 도입하되, 그것을 효율적으로 살려야 한다.
> 2. 도입의 거점을 도쿄에 두고 세계특허 등 고급자료를 입수해서 활용방법을 연구해야 한다.
> 3. 삼성 내부의 힘만으로 모든 문제를 해결하려 하지 말고, 카이스트KAIST 등 기존의 연구단체를 충분히 활용해야 한다.
> 4. 무조건 저자세로 도입하려 들지 말고, 왜 그 기술에 접근하려는가 하는 목적을 명확히 해서 이익을 생각하지 않으면 안 된다.

그런데 '숨은 챔피언'이라 불리는 세계의 초일류 중소기업들의 전략을 연구한 헤르만 지몬에 따르면, 세계의 많은 대기업들이 지나치게 기술 또는 시장에 치우치는 흠이 있다고 한다. 다음 페이지의 그림을 참고하면서 보자.

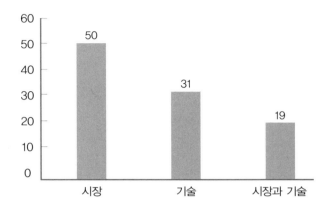

**대기업의 성장 원동력** (단위 : %)

호암이 제시한 기술도입 4원칙의 네 번째 항목을 보면, 그는 기술의 시장성·수익성에 큰 관심을 보이고 있다. 시장성을 무시한 기술을 경계한다는 점에서, 그는 기술과 시장에 대한 균형감각을 갖고 있었던 것으로 보인다.

호암의 기술에 대한 강한 애착을 상징적으로 보여주는 사례가 바로 삼성종합기술원의 설립이다. 원래 호암은 노벨상을 받을 만한 인재를 길러내는 대학원을 세우려고 했다고 한다. 물론 특수대학원의 설립은 여러 가지 사정으로 실현되지 않았지만, 그 대신 호암은 1982년부터 86년까지 종합기술원에 무려 4천600억 원을 쏟아 부었다. 또한 삼성은 그가 세상을 떠나기 1년 전인 1986년에 총매출액의 4%에 해당하는 2천200억 원을 기술개발에 투자했다. 당시 국내 제조회사들이 매출액의 평균 1.9%를 기술개발에 투자하고 있었다는 것을 생각하면, 이것은 상대적으로 매우 높은 숫자이다.

호암은 그의 마지막 정열을 기술원 설립에 쏟았다. 그는 말년에 경영과 관련된 크고 작은 일을 거의 대부분 남에게 맡겼지만, 기술원에 관한 한 진척 상황을 스스로 점검하고 인재확보 및 운영방향에도 큰 관심을 보였다고 한다. 삼성종합기술원은 기술을 무엇보다 중시한 기업인 호암 이병철의 최후의 작품이다. 기술원은 호암이 임종하기 직전에 완공되었는데, 그는 건강이 악화되어 준공식에는 참석하지 못했다. 대신 기술원의 네 가지 주요과제를 제시했다.

> 1. 미래유망 첨단상품의 개발
> 2. 여러 회사에서 공통으로 활용할 핵심기술의 개발
> 3. 개발에 시간이 많이 소요되거나 파급효과가 큰 소재 및 제품의 개발
> 4. 계열사들이 중복하여 개발하고 있거나, 공동으로 개발해야 하는 대형과제

# 03

# 사람이 기업의
# 가장 중요한 자산

생전에 인재를 무엇보다 중시했던 호암은 일찍이 '인재제일'을 경영이념으로 삼고 50여 년간 줄곧 그것을 실천해왔다. 그는 1980년 7월 3일 전국경제인연합회가 주최한 어느 연수모임에서 다음과 같이 말한 바 있다.

" 나는 내 일생의 80%는 인재를 모으고 교육시키는 데에 시간을 보냈다. 내가 키운 인재들이 성장하면서 두각을 나타내고 좋은 업적을 쌓는 것을 볼 때, 고맙고 반갑고 아름다워 보인다. 삼성은 인재의 보고寶庫라는 말을 세간에서 자주 하는데, 나에게 이 이상 즐거운 일은 없다. "

호암은 평소에 "기업은 사람이다"라는 말을 자주 하곤 했다. 이것은 단순히 사람이 귀중하다는 뜻을 넘어서 기업은 사람을 만드는 곳이라는 의미를 내포하고 있다. 회사란 단순히 상품을 만들어 팔아 이윤을 남기는 조직체가 아니고, 인재양성을 통해 개인과 기업의 발전을 꾀하는 곳이다. 그런데 이렇게 인재육성을 중시한 호암은 사람에 관한 한 좀더 원대한 생각을 갖고 있었다. 그의 말을 들어보자.

> 66 물론 모처럼 길러놓아도 떠나가는 사람이 있을 것이다. 지금까지 많은 사람이 삼성을 떠나갔고, 앞으로도 계속 그러할 것이다. 그러나 나는 떠나는 사람을 굳이 잡지 않는다. 유능한 인재를 길러 회사 밖으로 내보내는 것도 기업의 사명이라고 생각한다. '기업은 사람'이라는 것과 마찬가지로 '국가도 사람'이다. 국가·사회에 쓸모 있는 인재를 길렀다고 생각하면 결코 무의미하지는 않다. 99

호암은 삼성이 길러낸 인재는 삼성이라는 울타리를 넘어서 국가적 차원의 지도자로서 우리 사회 전체의 발전에 이바지할 것이라고 보았다. 이런 깊은 철학을 갖고 있었기 때문에 호암은 다음의 글에서 보다시피 인재양성을 게을리 하는 기업인들을 매우 못마땅하게 여겼다.

&#x201C;&#x201C;기업이 귀한 사람을 맡아서 훌륭한 인재로 키워 사회와 국가
에 쓸모 있게 만들지 못한다면, 이 역시 기업인으로서 사회적 책임
을 다하지 못하는 것이며, 부실경영과 마찬가지로 죄를 짓는 행위
가 아닐 수 없다.&#x201D;&#x201D;

그러면 호암은 이러한 인재중심사상을 구체적으로 어떻게 실
천에 옮겼는가? 삼성이 그것을 구현하기 위해 썼던 각종 수단에
대해 알아보자.

## 국내 기업사상 최초의 공채시험

1957년 1월 30일 삼성은 우리나라 기업사상 처음으로 공개경
쟁 방식으로 채용시험을 실시했다. 공채는 두 가지 측면에서 인
재제일이라는 경영이념을 실현하는 중요한 수단이었다. 첫째, 삼
성은 공채를 통해 널리 인재를 구할 수 있었다. 둘째, 연고緣故채
용을 배제할 수 있는 제도이기도 했다.
삼성의 공채시험은 필기시험과 면접으로 나뉘는데, 삼성은
전통적으로 면접에 상당한 비중을 둔다. 이것은 호암이 심사위원
으로 면접에 직접 참여한 것으로도 알 수 있다. 그는 모나지 않고

용모 단정하면서 평범한 사람을 좋아했다. 그의 말을 직접 들어보자.

> 66 얼굴을 보고 말 몇 마디 듣고 그 사람의 인품을 제대로 가려낼 수는 없을 것이다. 그런 줄 알면서 나는 재기에만 치우친 듯한 젊은이보다는 성실하고 온후한 인상을 주는 사람에게 더 호감이 간다. 나는 채용기준에 있어서 학력에 50점, 인물에 50점씩 배정한다. 인물은 용모단정하고, 건강하고 능동적인 성격을 우위에 둔다. 이 점이 필기시험 성적에 치중하는 타사와 다르다. 학과성적이 좋다고 해서 꼭 훌륭한 인재라고 할 수는 없다. 99

그가 재기가 넘치는 사람보다는 성실하고 단정한 사람을 더 좋아한 배경에 대해, 삼성경제연구소장을 지낸 최우석은 이렇게 말한 바 있다.

> 66 제일제당, 제일모직, 한국비료, 삼성전자 등의 회사는 우수한 기계로 건설하여 조직화했기 때문에 중간에서 누수현상 없이 잘만 가동하면 이익이 나게 되어 있습니다. 때문에 특출한 재주를 가진 사람보다는 자기 일에 최선을 다하는 성실한 인재가 필요하다는 생각을 갖게 된 것이죠. 99

삼성은 공채제도를 통해 회사가 필요로 하는 유형의 인재를 충분히 확보할 수 있었다. 공채제도는 또한 인사청탁이 많은 한국 사회에서 채용의 공정성을 지키기 위한 바람막이 구실을 톡톡히 해냈다.

## 과감한 교육훈련 투자

호암은 엄격한 과정을 거쳐 사람들을 뽑은 다음에는 그들의 교육훈련에 투자를 아끼지 않았다. 그는 늘 교육의 중요성을 강조했다. 세계적인 수준의 교육시설을 마련하였으며, 웬만한 선진 기업보다 훨씬 더 많은 교육예산을 투입했다. 미국 제3의 자동차 회사 크라이슬러Chrysler의 아이아코카Lido Anthony Iacocca 회장은 삼성의 교육예산이 자기 회사의 갑절이나 되는 것을 알고 크게 놀란 적이 있다고 한다.

또한 호암은 자기가 연수원 일에 깊이 관여하면 할수록 자신이 얼마나 인재육성에 힘을 기울이는가를 삼성그룹 전체가 잘 알게 될 것이라고 생각했다. 그래서 그는 기회 있을 때마다 연수원에 들렀으며, 단 5분이든 10분이든 교육현장을 둘러보곤 했다.

그는 최고경영자가 각별히 애정을 쏟고 있는 분야에 임직원들의 관심이 쏠린다는 것을 누구보다도 잘 알고 있었다. 그래서 호암은 시대와 환경의 변화에 따라 삼성의 전략적 중심이 되는 분야, 즉 전략부문을 집중적으로 방문한 것이다. 전자 산업에 집중할 때는 전자단지를, 반도체 사업에 집중할 때는 반도체 공장을 주로 방문했다. 반면, 시대의 변화와 상관없이 꾸준히 수시로 들른 곳이 바로 연수원이었다. 이것만 보더라도 인재육성에 대한 그의 집념이 얼마나 강했는가를 잘 알 수 있다.

지금도 교육훈련은 삼성의 경영 및 관리의 가장 중요한 하부구조를 이루고 있다. 교육예산 같은 양적인 측면에서뿐만 아니라, 질적인 면에서도 삼성의 교육은 우수하다는 평을 듣고 있다.

삼성이 내세우는 교육목표는 첫째, 삼성인으로서의 확고한 정신자세와 투철한 사명감의 확립. 둘째, 경영관리능력과 전문실무능력의 향상. 셋째, 기업의 환경변화에 진취적으로 대처할 수 있는 추진력과 적응력의 배양. 넷째, 높은 교양과 행동력을 지닌 건전한 삼성인의 양성이다.

삼성은 특히 신입사원 교육을 중시한다. 신입사원들을 제대로 가르쳐놓아야만 그들이 오랫동안 조직생활을 잘할 수 있다고 보기 때문이다. 약 한 달 동안 강도 높게 진행되는 교육기간 동안 신입사원들은 삼성의 역사와 경영이념, 직업관, 정신자세 등을 배운다.

삼성의 체계적인 교육훈련은 삼성인들의 일체감 조성 및 조직에 대한 충성심의 함양에 크게 이바지했으며, 직원들이 다양한 전문지식을 익힐 수 있도록 했다. 뿐만 아니라 여러 계열사 직원들을 한곳에 모아 가르치는 집합교육 덕분에 좋은 인적 네트워크가 형성되기도 한다. 호암의 경영이념에 바탕을 둔 삼성의 뛰어난 교육훈련은 삼성의 발전에 크게 기여하였으며, 앞으로도 삼성의 중요한 핵심역량 중 하나가 될 것이다.

## 공정한 인사관리

우리는 호암이 공개채용을 통해 연고채용을 배제하려 한 사실을 잘 알고 있다. 그러나 아무리 공정하게 우수한 인재를 뽑았다고 하더라도 인사관리가 공정하게 이루어지지 않으면, 조직이 신뢰를 잃게 되고 뛰어난 사람들이 회사를 떠나게 된다. 설사 조직에 남아 있다고 해도 스스로의 능력을 충분히 발휘할 수 없게 된다.

그래서 삼성은 사원의 채용뿐만 아니라 배치, 승진 등의 모든 인사관리 과정에서 학연·혈연 등 일체의 비합리적인 요소를 배제하고 가장 공정하게 사람을 관리하려고 노력한다. 삼성이 내거는 인사관리의 기본목표는 사원 각자가 개인역량을 최대한 발휘하도록 하는 것이다. 이러한 목표를 달성하기 위한 인사원칙은 세 가지다.

첫째, 능력주의이다. 삼성의 모든 임직원들은 매년 엄격한 능력평가를 받는다. 그 결과에 따라 각자가 받는 급여 등의 처우가 달라지는 것은 말할 것도 없고, 승진·승격에도 큰 영향을 끼친다. 능력주의 원칙의 성패는 공정한 평가에 달려 있다. 그래서 삼성은 아주 정교한 인사고과시스템을 개발했으며, 평가할 때의 주관성을 최소화하는 데 힘을 기울인다. '사람에 대한 평가의 객관성이 무너지면 회사의 통제가 어렵다'는 생각 때문이다.

둘째, 적재적소이다. 각 사원을 가장 잘 맞는 부서에 배치하는 원칙이다. 이 원칙을 적용할 수 있으려면 모든 임직원의 능력, 적성, 소질, 특성, 경력 등에 대한 정확하고도 광범위한 정보가 있어야 한다. 삼성은 이러한 면에서도 앞서가고 있다. 삼성은 각종 시험, 평가, 면담 등을 통해 수집한 개인에 관한 포괄적인 자료를 체계적으로 축적·보관하고 정기적으로 그것을 최신의 내용으로 바꾼다. 그리고 자료를 바탕으로 최대한 합리적인 배치 결정을 내린다.

셋째, 신상필벌의 원칙이다. 아무리 사소한 공적이라도 자세히 조사하여 상을 줌으로써 열심히 일하는 사람들이 보람을 느끼게 하고, 반면에 직무태만이나 과실에 대해서는 반드시 응분의 징계를 내린다. 이렇게 해야만 회사의 규율이 지켜지고 조직의 활력이 나온다는 것이 호암의 생각이다.

삼성은 이러한 신상필벌의 원칙을 엄격히 지킨다. 회사를 위해 공적을 세운 사람에게는 승진이나 특별보너스 등 그것에 걸맞는 상이 주어진다. 그러나 고의로 회사 재산을 축내거나 공사를 구분하지 못하고 부정을 저지르는 행위 등은 절대로 용서받지 못한다.

삼성은 이 신상필벌의 원칙 때문에 간혹 바깥으로부터 냉혹하다는 평가를 듣기도 하지만, 이 원칙은 삼성이 자랑하는 '깨끗한 조직'을 만들고 유지하는 데 큰 몫을 해왔다.


## 최고의 근로조건

호암은 삼성의 경영방침의 하나로, "업계 최고의 대우, 업계 최고의 근로조건"을 내세웠다. 이는 창업 이래 삼성이 줄곧 지켜온 원칙이다. 삼성은 회사경영이 어렵다고 해서 봉급을 제때에 지급하지 않거나 자사 제품이나 주식을 보너스 대신 준 적이 없다. 분명한 원칙과 그것을 지키려는 경영자의 의지가 없으면 정말 힘든 일이다. 호암은 삼성의 급료를 정하는 원칙으로 1970년에 다음의 두 가지를 내세운 바 있다.

    " 하나, 물가를 반영하여 생활이 안정되도록 최소한 생계비는 되어야 한다.

    둘, 다른 회사보다 높은 수준을 유지해야 한다. "

    호암은 급료뿐만 아니라 복리후생 면에서도 최고의 수준을 지향했다.

    1953년 제일모직 공장을 지을 때의 일이다. 호암은 공장을 짓는 것 못지않게 기숙사 시설에 신경을 썼다. 당시 우리나라에서 공장과 기숙사에 스팀 시설을 한 것은 제일모직이 최초였다. 게다가 기숙사엔 목욕실, 세탁실, 다리미실, 휴게실 등을 두었고, 조경에도 많은 투자를 했다. 마치 '공장 속의 정원'이 아니라 '정원 속의 공장'을 만드는 것 같았다. 그래서 '정원공장'이라는 말까지 나왔다. 이를 두고 많은 사람들이 비웃었다.

    그러나 호암은 "회사는 직원들을 가족처럼 보살펴야 할 의무가 있다. 또한 직원들이 직장을 내 집처럼 느껴야 생산성이 올라가고 제품도 좋게 나오며 회사도 잘 운영된다"는 소신을 굽히지 않았다. 이렇게 하여 호암은 이미 1950년대에 30여 년의 세월이 지나도 여전히 훌륭한 기숙사를 지은 것이다. 그러자 제일모직이 사원에 대한 대우가 무척 좋다는 소문이 삽시간에 퍼졌다. 그래서 이 회사가 생산직 여사원을 모집한다는 공고가 붙기만 하면, 공장 앞은 그야말로 인산인해를 이루었다.

이렇게 일찍부터 삼성이 최고수준의 근로조건과 복리후생을 제공하려고 애써온 것은 모두 호암의 '인재제일' 경영이념을 실현하려는 노력이었다.

# 04
# 조직관리

삼성은 흔히 '조직의 삼성' 또는 '관리의 삼성'으로 불린다. 그만큼 삼성은 조직관리를 잘하는 기업으로 알려져 있다. 이것은 사업의 규모가 커지고 업종이 다양해짐에 따라 호암이 자신의 경영철학과 원칙을 담은 제도를 만들고, 그것을 바탕으로 짜임새 있는 경영을 끊임없이 추구해온 결과이다.

그러면 구체적으로 호암의 어떠한 원칙과 제도가 삼성 조직관리의 근간을 이루고 있는가? 먼저 조직운영의 원칙부터 알아보자.

## 책임경영

호암이 삼성의 조직운영의 제1원칙으로 채택한 것은 '책임경영'이다. 이것은 조직원 각자에게 일을 나누어 맡기고 권한과 책임을 동시에 주는 것이다. 호암은 마산에서 사업을 시작한 초기부터 웬만한 업무는 모두 아랫사람에게 맡기고, 자신은 경영의 원칙과 인사관리의 큰 틀만 관장했다. 호암은 이러한 책임경영의 장점을 이렇게 말했다.

66 명확한 책임과 권한이 있어야만 각자가 자율적으로 성의를 다해 일을 하게 된다. 또 공정한 평가를 받게 되어 급여나 배치, 승진에서 합당한 처우를 받을 수 있다. 더 나아가 조직의 활력을 유지할 수 있다. 99

그러나 책임경영을 효과적으로 시행하는 것은 결코 쉽지 않다. 그 이유는 크게 두 가지다. 첫째, 위에서 믿고 맡긴다고 하면서도 실제로는 권한을 위양하지 않고 믿지도 않으며 책임만 지우기 때문이다. 둘째, "맡겼으니 잘되든 말든 네 책임이다. 나는 모르는 일이니 알아서 잘해라" 하는 무책임한 태도를 보이기 때문이다. 이러한 문제에 대한 호암의 해법은 아주 명쾌하다. 우선, 그는 일을 맡길 때는 100% 믿고 맡긴다. 호암에게 오랫동안 경영을 배운 삼성의 어느 고위경영자는 다음과 같이 말했다.

> 회장님의 용병술이 뛰어나다고 흔히 말하지만 그 비결은 다른 게 아닙니다. 회장님은 완전히 믿고 맡깁니다. 한번 믿으면 모든 것을 위임하고 전폭적으로 지원합니다. 무슨 제안을 해도 '일단 자네를 믿었으니 무슨 이야기든 분명 회사를 위해 하는 것일 거야' 하고 100% 지원을 해줍니다. 그러니 자연히 책임감도 생기고 꼭 해내고야 말겠다는 의지가 솟아납니다.

한편 호암은 권한위양을 빙자한 무책임한 태도에 대해서는 그 유명한 '책임불변의 원칙'을 제시한다.

> 부하에게 지울 수 있는 책임은 한정된 직무상의 책임에 국한된다. 일의 성사, 공과功過에 대한 책임은 당연히 책임자가 져야 한다. 물론 책임을 위해서는 권한이 부여되어야 한다. 그러나 명심해야 할 것은 권한을 위양해도 책임은 그대로 남는다는 책임불변의 원칙이다.

## 사업부제

　호암이 그토록 중시했던 책임경영의 원칙을 반영하고 있는 제도가 바로 사업부제이며, 그는 이것을 삼성 조직체제의 근간으로 삼았다. 사업부제에서 사장은 권한과 책임을 사업본부장에게 위임한다. 사업본부장은 경영의 책임을 지고 이익목표를 달성하기 위해 노력하며, 계획과 대비하여 실적을 평가하고, 실패와 부진의 원인도 분석한다.

　삼성은 1975년 9월 그룹 차원에서 사업부제를 본격적으로 도입하기로 결정했다. 이에 따라 대부분의 계열사가 조직을 사업부 단위로 편성하고, 사업부제의 전제조건인 예산회계제도와 이익책임단위별 평가제도의 확립도 꾀했다. 그러나 많은 노력에도 불구하고 기대했던 만큼의 성과는 나타나지 않았다. 그래서 1984년에 호암은 이 제도에 대한 자신의 철학을 다시 정리해주기도 했다.

> 66 사업부제란
> 첫째, 일을 적당히 구분하여 담당을 정하고
> 둘째, 업무를 분명히 맡겨서 수행해나가도록 하고
> 셋째, 결과를 공정히 평가함으로써
> 넷째, 사업 전체가 적정이익을 내고 잘 운영되도록 하는 것이다. 99

사업부제를 더 정교하게 다듬어 발전시킨 제도가 이른바 개인별 사업부제이다. 그 내용은 개인별 업무 분장을 명확히 하고 구체적인 목표를 정한 다음, 스스로 관리해나가는 것이다. 좀더 구체적으로 말하면, 먼저 전체의 목표가 설정되고 이에 따라 개인의 목표가 정해진다. 또한 각 개인은 목표에 얼마나 가까이 다가갔는가를 정기적으로 스스로 점검한다.

이러한 과정에서 많이 쓰인 도구가 일지日誌이다. 각 개인은 일지에 자신의 주요 업무의 진행상황, 결과, 문제점 및 개선방안 등을 기입해나간다. 이로써 그는 자신의 목표를 조직의 목표 및 방침과 연계하여 파악할 수 있다. 일지는 또한 윗사람에게 업무의 진행사항을 보고할 때 자료, 다른 조직원들과의 커뮤니케이션 수단으로 활용되기도 했다.

호암은 생전에 이러한 내용의 개인별 사업부제를 무척 강조했다. 여러 가지 실무적인 어려움으로 이 제도는 정착되지 못했지만, 책임경영에 대한 호암의 강력한 의지를 잘 보여주는 매우 좋은 예라 하겠다.

## 목표관리

책임경영을 철저히 시행하려면 반드시 목표가 제대로 설정되어야 한다. 또한 그것의 달성 여부에 따라 적정한 보상이 주어져야 한다. 이렇게 중요한 의미를 갖고 있는 목표설정에 대한 호암의 경영원칙은 다음과 같았다.

66 기업의 장기적 발전목표를 확실히 세우고, 분명한 방침을 설정해서 경영에 임해야 한다. 99

그는 또 구체적인 숫자로 목표를 정할 것을 강조했다.

66 감각으로 사업을 하던 시대는 지났다. 데이터를 가지고 목표를 세워야 아랫사람도 잘할 수 있다. 비즈니스와 감각은 엄격히 구분되어야 한다. 99

즉 막연히 시장에서 1위를 하겠다는 것보다는, 구체적으로 선진기업에 비해 우리가 얼마나 뒤떨어져 있고, 최선의 상태가 얼마인데 지금은 얼마이고, 지금 무엇을 어떻게 하면 얼마를 달성할 수 있는가 등을 가능한 한 수치로 말하라는 것이다. 이러한 호암의 확고한 원칙이 있었기 때문에 삼성의 각 계열회사의 목표는 매출, 이익, 기술개발 건수 등의 구체적인 수치와 함께 장기적으로 무엇을 지향하는 회사가 될 것인가 하는 경영방침도 포함하고 있다.

또한 호암은 다소 높은 목표, 상당히 노력해야만 달성할 수 있는 목표를 세워놓고 끊임없이 정진하는 것이 조직 발전의 지름길이라고 생각했다. 능력의 90%를 목표로 하고 10% 초과 달성하는 것보다는, 능력의 120%를 목표로 세우고 100% 달성하는 것이 바람직하다고 보았다.

이와 관련하여 호암이 늘 강조하던 것 중 하나가 이른바 '선진지표'이다. 이것은 선진국 우량기업의 각종 경영성과를 지표로 만든 것을 말한다. 호암은 선진지표와의 격차를 줄이도록 강하게 독려했다. 즉, 선진국 또는 선진기업의 기술수준, 경영성과 수준을 분명히 알고 삼성과의 차이를 파악한 다음, 그 차이를 어떻게 좁혀 나갈 것인지에 대한 계획과 목표를 세우라는 것이다. 선진지표에 의한 관리는 삼성 각 계열사의 국제경쟁력을 높이는 데 크게 이바지했다.

## 참모조직

호암은 삼성의 규모가 커짐에 따라 각 계열사 간의 협조를 증진시키고 뜻하지 않은 마찰을 막을 수 있는 조정기구의 필요성을 느꼈다. 또한 자신의 경영이념과 지시가 계열사에 고루 전달될 수 있도록 하고, 계열사의 문제점들을 정확히 그리고 제때에 파악할 수 있도록 하는 별도의 기구가 있어야 한다고 생각했다. 뿐만 아니라 각 계열사의 수요에 맞게 인재를 배치하는 기구가 그룹 차원에서 필요했다. 또 언제나 발생할 수 있는 크고 작은 사고와 부정을 미리 막을 수 있도록 점검하고, 각 계열사가 축적하는 정보와 기술을 필요한 다른 계열사에게 공급해주는 부서도 필요했다.

호암은 1959년에 이러한 여러 가지 기능을 수행할 회장비서실이라는 기구를 설치했다. 호암은 특히 이 특이한 조직을 통해 최신경영기법을 각 계열사에 보급하는 데 역점을 두었다. 그래서 비서실 운영에 대한 그의 기본방침은 경영의 각 분야에서 삼성그룹을 이끌어갈 수 있는 역량을 가진 전문가 집단을 육성하는 것이었다.

삼성의 회장비서실은 막강한 권력 때문에 때로는 비판의 대상이 되기도 했지만, 삼성그룹 전체의 인적·물적 자원을 효율적으로 배분하고 그룹 차원의 시너지 효과를 높이는 데 크게 기여

했다는 평을 듣고 있다.

호암을 보좌했던 참모조직을 논의하면서 빠뜨릴 수 없는 것이 바로 사장단회의이다. 호암은 각 계열사의 경영은 사장들에게 맡기고, 그룹 차원의 조정과 기획은 비서실을 거쳐 실행되게 했다. 그리고 자기 자신은 경영의 큰 원칙을 세우고 그것을 주지시키는 일, 인재를 발굴하고 길러내는 일에만 주로 힘을 기울였다. 그러한 그가 그룹의 총수로서 공식적으로 각 계열사의 경영에 직접 관여하는 것은 일 년에 딱 한 번 열리는 정례 사장단회의를 통해서였다. 이는 그룹의 전략을 논의하고 결정하는 최고의사결정기구이므로 아주 효율적으로 운영되어야 했다. 그래서 호암은 사장단회의 운영의 4원칙을 이렇게 제시했다.

> 66 첫째, 먼저 회의석상에서 문제점을 활발하게 이야기하도록 하고 개선책을 토의한 다음, 금후의 방침을 모색케 하는 형식을 취한다. 핵심적으로 숫자 개념에 입각해서 토의와 개선책을 논한다.
> 둘째, 회의시간에 보고할 때는 매출액, 이익, 시설의 증설과 자산의 변동사항, 경영상의 문제점과 대책, 내년도 전망 등을 요약해서 발표하도록 한다.
> 셋째, 경영실적에 관해 보고할 때는 목표대비 실적이 어떠한가를 중점적으로 분석하여 보고하도록 한다. 목표를 달성하지 못했을 경우에는 그 원인과 금후의 개선책을, 목표를 초과하여 달성했을

때도 그 원인을 밝히는 보고를 하도록 한다.

넷째, 결정은 곧 실천이다. 따라서 실현 불가능한 사업은 결정하지 않는다."

호암은 사장단회의를 통해 그룹경영 전반의 현황을 파악하고, 미진한 부분에 대해서는 보충설명을 요청했다. 그는 또 이 회의를 통해 경영방침을 시달하고, 그룹 차원의 과제를 강조하기도 했다. 특히 주목해야 할 점은 경영목표에 관한 한 특별히 문제가 있는 경우를 제외하고 각 계열사가 세운 목표를 호암이 거의 그대로 승인했다는 것이다. 그것이 책임경영의 원칙을 존중하기 때문임은 두말할 나위도 없다.

## 미래의 리더들에게 호암 이병철이 건네는 말

이병철

못 미더운 사람은 아예 쓰지 말아라. 하지만 일단 쓰기로 했으면 모든 것을 믿고 맡겨라.

행하는 자 이루고, 가는 자 닿는다.

업의 개념을 알아라.

# 미래의 리더를 위한 세 가지 가르침

우리는 지금까지 오늘날 기업경영에 많은 훌륭한 시사점을 주는 사상가 8명의 경영과 관련된 가르침을 살펴보았다. 우리가 이 책에서 다룬 내용은 300페이지의 표에서 한눈에 볼 수 있다.

이제 이들의 경영사상을 할 수 있는 만큼 요약하며 이 책을 마무리하기로 한다.

우선 가장 눈에 띄는 것은 인간중심 또는 인간중시 경영이다. 즉 사람들의 마음을 얻고, 움직이고, 능력을 개발하고, 숨은 힘이 용솟음치게 하는 인사관리, 리더십, 기업문화가 큰 부분을 차지하고 있다. 피터 드러커가 이야기했듯이 "기업 성공의 열쇠는 헌신적인 직원들"이다. 결국 우리는 이들을 통해서 "회사의 으뜸가는 보배는 그 안의 사람들"이라는 경영의 진리를 다시 한 번 확인한 셈이다.

둘째, 이들은 목표, 목표설정, 목표달성의 의지와 비전에 관해 많이 언급한다. 그것은 모든 구성원들의 의욕이 넘치도록 경영자가 뚜렷한 목표를 제시하고, 달성을 위해 한마음으로 매진한다면 그만큼 성공확률이 높아진다고 보았기 때문이다. 오늘날 기업이 제대로 목표를 세우고, 그것을 정확하게 직원들에게 전달하고, 그것을 기준으로 업적을 평가하고 피드백을 주어야 하는 것은 그야말로 경영의 기본이다. 즉 우리는 대가들의 지혜와 통찰력을 통해서 이 중요한 기본원리의 중요성을 재확인할 수 있었다.

예나 지금이나, 그리고 개인에게나 조직에게나 이루고자 하는 간절한 원의 중요성은 아무리 강조해도 지나치지 않다.

끝으로 집중 또는 몰두의 중요성이다. 석가, 이병철, 드러커, 지몬은 모두 현재의 일에 푹 빠져야 한다고 말했다. 일과 자신이 하나가 될 정도로 몰두하면 깊은 통찰력과 지혜를 얻게 되고, 이로써 수준 높은 의사결정이 나오기 때문이다. 또한 집중하는 태도가 몸에 배어 있으면 어떠한 위기가 닥쳐도 당황하지 않고, 차분히 현실세계를 정확히 관찰한 다음 합리적인 결단을 내리게 된다. 흩어진 생각을 하나로 모으고 주어진 일에 몰두함으로써 과업의 본질을 제대로 보고 정확한 판단을 내리는 능력은, 아마도 모든 경영자가 추구해야 하는 가장 믿음직스러운 경쟁우위일 것이다.

| 사상가 | 토 픽 |
|---|---|
| 세네카 | · 전략과 의지<br>· 학습문화의 중요성<br>· 목표설정의 기준 및 목표의 선택<br>· 창의성의 강조 |
| 손자 | · 싸움은 속전속결<br>· 공격의 원리<br>· 손자 방식의 리더십<br>· 적을 알고 나를 알아야 |
| 석가 | · 남을 이롭게 함으로써 스스로를 이롭게 한다<br>· 간절한 원願을 세워라<br>· 어느 곳에 있든지 있는 그 자리에서 주인이 되어라<br>· 경영은 실천이다<br>· 사람의 무한한 가능성을 신뢰하라<br>· 눈에 보이지 않는 자기 자본을 쌓아라<br>· 순간순간 하고 있는 일에 집중하라<br>· 바람직한 기업의 토론문화<br>· 무엇을 들었다고 쉽게 행동하지 말라 |
| 마키아벨리 | · 인사관리 및 리더십<br>· 시장에서의 싸움 |
| 클라우제비츠 | · 전략과 기획<br>· 목표론<br>· 공격과 방어 |

| 사상가 | 토 픽 |
|---|---|
| 피터 드러커 | · 역사를 이해한 경영학자<br>· 경영사상<br>· 효과적인 임원의 할 일<br>   − 시간관리<br>   − 조직에 대한 공헌에 초점 맞추기<br>   − 강점을 생산적이게 한다<br>   − 올바른 우선순위의 설정<br>   − 효과적인 의사결정<br>· 미래사회의 모습 |
| 헤르만 지몬 | · 독일의 숨은 세계 챔피언들<br>· 혁신의 걸림돌을 과감히 없애라<br>· 변화경영<br>· 기업문화의 중요성<br>· 중도中道의 경영 |
| 이병철 | · 널리 듣고 홀로 골똘히 생각한다<br>· 기술과 경영은 동전의 양면<br>· 사람이 기업의 가장 중요한 자산<br>· 조직관리 |

# 참고문헌

- 강진구 (1996), 삼성전자: 신화와 그 비결, 고려원
- 고익진 (1984), 현대한국불교의 방향, 경서원
- 박일봉 (1987), 손자병법, 육문사
- 법정 (1988), 산방한담, 샘터
- 법정 (1990), 그물에 걸리지 않는 바람처럼, 샘터
- 법정 (1991), 숫파니파타, 샘터
- 법정 (2006), 살아있는 것은 다 행복하라, 위즈덤하우스
- 삼성경제연구소 (1989), 호암의 경영철학, 중앙일보사
- 유필화 (1997), 부처에게서 배우는 경영의 지혜, 한언
- 유필화 · 헤르만 지몬 (1995), 생각하는 경영 비전있는 기업, 매일경제신문사
- 전용욱 · 한정화 (1994), 초일류 기업으로 가는 길, 김영사
- 홍하상 (2001), 이병철 vs. 정주영, 한국경제신문사
- 홍하상 (2004), 이병철 경영대전, 바다출판사

- Boston Consulting Group (1988), Perspectives, Time-based Competition Series, Boston: Boston Consulting Group, Inc.
- Brunken, Ingmar S. (2005), Die 6 Meister der Strategie, Berlin: Ullstein Buchverlage GmbH
- Clausewitz, Carl von (1976), On War, Princeton, New Jersey:

Princeton University Press

- Clousewitz, Carl von (1980), Vom Kriege, Bonn: Fred. Dümmlers Verlag

- Drucker, Peter F. (1967), The Effective Executive, New York, NY: Harper & Row

- Drucker, Peter F. (1972), The Practice of Management, Tokyo, Japan: Charles E. Tuttle Company

- Drucker, Peter F. (1994), Adventures of a Bystander, New York, NY: John Wiley & Son

- Drucker, Peter F. (1995), Managing in a Time of Great Change, New York, NY: Truman Talley Books/Dutton

- Drucker, Peter F. (1999), Management Challenges for the 21st Century, Oxford: Butterworth-Heinemann

- Drucker, Peter F. (2002), Managing in the Next Society, New York, NY: Truman Talley Books

- Machiavelli, Niccolo (1978), Der Fürst, Stuttgart: Alfred Kröner Verlag

- Machiavelli, Niccolo (1983), The Prince, Harmondsworth, Middlesex, England: Penguin Books

- Pfeffer, Jeffrey (1994), Competitive Advantage through People, Boston, Massachusetts: Harvard Business School Press

- Porter, Michael (1980), Competitive Strategy, New York: The Free Press

- Porter, Michael (1985), Competitive Advantage, New York: The Free Press

- Seneca, Lucius A. (1978), Vom Glückseligen Leben, Stuttgart: Alfred

Kröner Verlag

- Shapiro, Benson P. (1984), Hints for Case Teachings: President and Fellows of Harvard College

- Simon, Hermann (1989), "Die Zeit als strategischer Erfolgsfaktor," Zeitschrift für Betriebswirtschaft, 59, H. 1, 70~93.

- Simon, Hermann (1990), "Unternehmenskultur-Modeerscheinung oder mehr?" in Hermann Simon (Hrsg.): Herausforderung Unternehmenskultur, Stuttgart: Schäffer-Poeschel Verlag

- Simon, Hermann (1994), "Lernoberfläche des Unternehmens," in Hermann Simon und Karlheninz Schwuchow (Hrsg.): Managementlernen und Strategie, Stuttgart: Schäffer-Poeschel Verlag

- Simon, Hermann (1996), Hidden Champions, Boston: Havard Business School Press

- Simon, Hermann (2000), Geistreiches für Manager, Frankfurt/Main: Campus Verlag GmbH

- Simon, Hermann (2004), Think!, Frankfurt/Main: Campus Verlag GmbH

- Spiegel, B. (1988), Führung der eigenen Person, Vortrag am Universitätsseminar der Wirtschaft, Schloß Gracht

- Stalk, G., Jr. (1988), "Time-the Next Source of Competitive Advantage," Harvard Business Review, 66, July-August, 41~51.

- Sun Tsu (1982), The Art of War, New York: Oxford University Press

- 伊丹敬之 (1984), 新・經營戰略の論理, 日本經濟新聞社